THERES BERWEGER   SILVIA BRYNER

Reisgerichte
aus aller Welt

© 2001 Fona Verlag AG, CH-5600 Lenzburg
Gestaltung Umschlag und Inhaltskonzept: Dora Eichenberger-Hirter, Birrwil
Foodfotos: Jules Moser, Bern
Übrige Bilder: HEKS, Hilfswerk der Evangelischen Kirchen Schweiz, Zürich
Lithos: Neue Schwitter AG, Allschwil
Printed in Germany

ISBN 978-3-7750-0365-0

Inhalt

*Wo nicht anders erwähnt, sind die Rezepte
für 4 Personen berechnet.*

Ein kleines Korn ganz groß –
oder ein Geschenk der Götter

China
In einer Legende der Li-su, einer Minderheit in der Provinz Yünnan, wird von einem Hund erzählt, der den Reis zu den Menschen brachte. Da er Wasser durchqueren musste, verlor er die meisten Körner. Diese keimten und wuchsen, aber nur die Halmspitzen schauten aus dem Wasser.

Thailand
Da der Reis eine Wasserpflanze ist, wird in Thailand versucht, den Regengott günstig zu stimmen. Katzen werden in Körben durch die Dorfstraße getragen und von allen Einwohnern mit Wasser begossen. Das Geschrei der wasserscheuen Tiere soll den Regengott aufwecken und das ersehnte Nass auf die Felder gießen.

Indien
Die indische Braut muss nach der Hochzeit als Erstes ein Reisgericht kochen. Je nachdem wie der Reis quillt und an Volumen gewinnt, wird sich auch der Wohlstand im Haus entwickeln. In der Tradition der Hindus ist der Reis Symbol des Reichtums.

Zum Schutz vor Unglück vergraben die Bauern beim Hausbau Hühnereier, geronnene Milch und Reis.

Japan
Zu den reichen Leuten zählten in Japan nur jene, die viele Reisfelder besaßen und eine entsprechend große Ernte erwarten durften. Ein Mann mit wenig Reisfeldern stufte man als arm ein, auch wenn er noch so viel Yens unter seinem Futon gesammelt hatte. Und die höchst angesehene Kaste der Samurai kannte als Zahlungsmittel Reiskörner.

Indonesien
Reisinsel Bali

Die wunderschöne Insel Bali ehrt den Reis in vielen Festen und
Bräuchen. Auf der mehrheitlich von Hindus bevölkerten Insel
wird jedes Wachstumsstadium mit einem Ritual gefeiert, das
dem menschlichen Lebenszyklus nachempfunden wird.

Vor der Aussaat wird das Feld mit geheiligtem Wasser be-
sprüht. Keimende Samen sind ungeborenes Leben. Wenn die
Reispflanze Früchte (Körner) trägt, wird eine Geburtszere-
monie abgehalten. Kurz vor der Reife gibt es im Dorf ein
großes Erntedankfest.

Mitten im Reisfeld steht ein der Reisgöttin Dewi Sri gewidme-
ter kleiner Schrein. Die Göttin erhält jeden Morgen kleine
Opfergaben; sie sollen sie milde stimmen und das Feld vor
bösen Geistern schützen. Palmschnaps treibt die bösen Geister in die Flucht.

Dem Reis auf der Spur
Kleiner geschichtlicher Überblick

Der Reis ist eine der ältesten Kulturpflanzen. Er lässt sich bis in die Eiszeit zurückverfolgen. Wilde Formen wurden in Asien, Afrika und Südarmerika gefunden. Man nimmt an, dass der Reis aus Indien oder Südostasien stammt; einige Forscher vermuten seinen Ursprung auch im Nigerdelta. Die älteste schriftliche Überlieferung stammt aus China. Sehr weit zurück gehen auch die Reisfunde, die man in den Geisterhöhlen Nordthailands entdeckt hat. Man gab den Reis den lieben Verstorbenen als rituelle Gabe für die Geister mit.

Asien
Der Reisanbau begann vor 10 000 Jahren, wahrscheinlich im Übergang vom Jäger- und Sammlertum zu zeitweiliger Sesshaftigkeit. Denn das Sammeln von wildwachsendem Reis war eine mühsame und zeitaufwändige Arbeit. Rispe für Rispe musste gesucht und geerntet werden. Entsprechend gering war die Ausbeute.

Der Reis breitete sich erst 3000 Jahre nach seiner Entdeckung langsam über die Sumpfgebiete im Süden Chinas bis nach Norden hin aus. Wandernde Stämme brachten damals den Reisanbau in Regionen wie Birma, Kambodscha, Malaysia, Thailand und Vietnam.

Die lange Tradition des Reisanbaus hat ihre Spuren hinterlassen. Sie hat Kulturen geprägt und ganze Landstriche verändert. Sehr eindrucksvoll ist dies auf der Insel Bali. An den fruchtbaren Berghängen wurden Terrassen gebaut, um flaches Gelände für den Reisanbau zu gewinnen.

Fruchtbares Land, geringe Temperaturschwankungen und ausreichender Niederschlag sind günstige Voraussetzungen für den Reisanbau.

Mittelmeer

Karawanen brachten den Reis von Indien via Afghanistan und Persien nach Mesopotamien.

300 v. Chr. beschrieb ein Handelsreisender des syrischen Königs den Reisanbau und förderte so dessen Verbreitung in Persien, dem heutigen Iran, und in der Türkei.

Spanien und Italien

Die Mauren bauten ihr geliebtes Korn in Spanien und Portugal an. Die Spanier übernahmen die Reisfelder der Eroberer und konnten sie durch eigene Eroberungsfeldzüge nach Südfrankreich und bis nach Oberitalien ausdehnen. Ende des 15. Jahrhunderts gab es erste Reistransporte über die Alpen in süddeutsche Reichsstädte. Die Anbauflächen wurden immer größer und die Reisexporte nahmen entsprechend zu, bis der Herzog von Mailand sie verbot, und zwar aus folgenden Gründen:

In China setzten die Reisbauern in den sumpfigen Feldern Karpfen aus, welche die Wurzeln des Unkrautes sowie die Insektenlarven frassen. Diese «Schädlingsbekämpfung» war in Italien unbekannt. Entsprechend schnell vermehrten sich die Mückenpopulationen im stehenden Wasser und die Malaria brach aus. Die Italiener gingen davon aus, dass der Reis lebensgefährliche Stoffe ausscheidet. Deshalb wurde der Reisanbau in der Nähe von Städten verboten.

Griechenland

Die alten Griechen waren keine Reisliebhaber, aber als Schon- und Krankenkost schätzten sie ihn dennoch.

England

Jahrhunderte später, als der Seeweg nach Indien um das Kap der Guten Hoffnung herum gefunden war, entstanden an den indischen Küsten europäische Handelsniederlassungen.

Als das indische Reich zusammenfiel, griffen die Europäer, insbesondere die Engländer, in die Politik des Riesenreichs ein. Reis mit Kari – Kari ist das sündindische Wort für Sauce – gehörte zur täglichen Nahrung. Aus «Kari» entstand das englische Wort «Curry». So kam dieses Gericht auf europäische Fürstentische und Speisekarten.

Japan

Nach einer längeren Periode der Isolation hat sich Japan im 3. Jahrhundert v. Chr. dem Handel geöffnet. Der Reis wurde entsprechend spät aus Korea eingeführt. Es vergingen weitere 600 Jahre, bis die chinesischen Bauern das Knowhow des Reisanbaus nach Japan brachten und sich der Reis auf der Insel zu einem wichtigen Erwerbszweig etablieren konnte. Das Getreide war nebst Nahrungs- auch Zahlmittel. Paradoxerweise aßen die Japaner ihren Reis nicht selber, sondern exportierten den Klebereis mit beachtlichem Gewinn nach China. An seiner Stelle importierten sie minderwertige, billige Sorten. Der japanische Klebereis war auf dem Festland sehr begehrt, weil er zu anderen Speisen verarbeitet werden konnte als die locker kochenden Hochlandsorten.

Madagaskar und die Stadt Charleston in South Carolina

Etwa zur selben Zeit wie die Mauren in Spanien brachten die Malaien die Nassreiskultur auf die Insel Madagaskar. Von Madagaskar aus umsegelte ein holländisches Schiff Afrika und geriet auf dem Atlantik in einen Sturm. Leicht beschädigt traf es später im Hafen von Charlestown in South Carolina ein. Während der Reparaturarbeiten machte der Kapitän des Schiffes dem Gouverneur einen Höflichkeitsbesuch und schenkte ihm bei dieser Gelegenheit einen Sack vom besten Madagaskar-Reis. Der Farbe wegen wurde er Golden Seed genannt. Der Gouverneur selbst pflanzte den Reis in den Sumpfgebieten um Charleston an, zuerst mit Hilfe der Indianer und später mit Sklaven.

Charleston und später Georgetown wurden Zentren für den Reishandel. Die Qualität von Carolina Golde war so hervorragend, dass sie zum Maßstab wurde. Hier baute Jonathan Lucas auch die erste wasserbetriebene Reismühle. Weit über 150 Reisplantagen entstanden im darauf folgenden Jahrhundert. Mit dem Sezessionskrieg kam das abrupte Ende. Die Häfen wurden blockiert, die Reisfelder abgebrannt und die Plantagen geplündert. Davon erholte sich die Gegend nie wieder.

Freigestellte Soldaten und Einwanderer brachten den Reis darauf in den südlichen wilden Westen. Mit der Mechanisierung dehnte sich der Reisanbau nach Louisiana, Texas, Arkansas bis nach Kalifornien und ins obere Mississippi-Delta aus. Die Präsidenten der Vereinigten Staaten machten den Reis gesellschaftsfähig. Es gab kein Präsidenten-Dinner ohne Reisgericht!

Afrika

Im Laufe von 3500 Jahren entwickelte sich in Westafrika eine gut gedeihende rote Reissorte. Vor 500 Jahren erreichte der asiatische Reis den Kontinent. Es entstanden neue, an das Klima angepasste Reissorten. Nassreis wird in Afrika wegen der Malaria nicht angepflanzt.

Für die Elfenbeinküste ist der Reis eine wichtige Einnahmequelle.

Süd- und Mittelamerika

Die Spanier und Portugiesen brachten mit der Eroberung auch die Reiskultur auf den Kontinent.

Der Reisanbau weltweit

In vielen Ländern, in denen die Reisernte eine Million Tonnen übersteigt, ist der Reis wichtigstes Nahrungsmittel und das tägliche Brot. Der Chinese isst mindestens 500 g Reis täglich, Amerikaner und Europäer kommen auf 3,5 kg im Jahr. In Bangladesh, Kambodscha, Indonesien, Laos, Myanmar (Birma), Thailand und Vietnam entfallen 55 bis 80% der gegessenen Kalorien auf Reis.

In Ägypten, Nigeria und Pakistan werden über eine Million Tonnen Reis geerntet, aber nur 5 bis 10% davon sind für den Eigenbedarf.

Weniger als 5% der Welternte wird auf dem internationalen Markt gehandelt. Thailand, USA, Vietnam, Pakistan sowie Indien sind die größten Reisexporteure.

Anbau, Ernte, Ökosysteme und Zuchtformen

Die Reispflanze ist ein 50 bis 130 cm hoher, schlanker Halm mit 30 bis 50 cm langen Rispen. Jede Rispe trägt 150 bis 300 Reiskörner. Die Reispflanze erträgt keinen Frost und während der Blütezeit muss die Lufttemperatur mindestens 25 bis 35 °C betragen.

Bodenbeschaffenheit, Bewässerungsmöglichkeiten und Klima entscheiden über die Anbaumethode. Am Beispiel «Nassreis-Anbau» möchten wir zeigen, wie aufwändig der Reisanbau ist.

Das Internationale Reisforschungszentrum (IRRI) unterscheidet vier Ökosysteme.

1. Nassreis und traditioneller Anbau

◆ **Das Saatgut** Vor der Haupternte durchstreift der traditionelle Reisbauer das Feld und pflückt die größten und gesündesten Rispen: er trocknet sie und bewahrt sie sorgfältig auf für die nächste Pflanzung.

◆ **Die Wahl der richtigen Reissorte** beeinflusst den Ertrag ganz wesentlich. Zu berücksichtigen sind Widerstandskraft gegen Schädlinge, Bodenbeschaffenheit, Klima und örtliche Bedingungen sowie guter Geschmack (Aroma) und Kocheigenschaft des Korns.

◆ **Die Aufzucht der Setzlinge** Die Muttersaat wird während 1 bis 2 Tagen in klarem, sauberem Wasser eingeweicht. Dann sät sie der Bauer in einem fruchtbaren, lockeren und von Krankheiten freiem Saatbeet aus. Nach 2 bis 3 Tagen wird bewässert. Die Wassertiefe beträgt zuerst 2 cm und wird mit dem Wachstum auf 5 cm erhöht. Die Setzlinge erfordern im Verlaufe von 21 bis 26 Tagen eine intensive Pflege.

◆ **Die sorgfältige Vorbereitung** des Reisfeldes nimmt viel Zeit in Anspruch. Alle Reisstoppeln vom vergangenen Jahr müssen vernichtet und Nagetiere, Schnecken und Insekten bekämpft werden. Ausgebessert werden auch die 40 bis 60 cm hohen Dämme, denn der Reis benötigt für ein gutes Gedeihen bis zu 10 cm tiefes Wasser. Überschwemmen und Bearbeiten des Bodens wechseln sich jetzt in regelmäßigen Abständen ab. Kurz vor der Pflanzung streut der Bauer organischen oder anorganischen Dünger aus und arbeitet ihn gründlich in den Boden ein. Mit dem Planieren des Feldes – ist wichtig, damit alle Pflanzen genügend Wasser bekommen – sind die arbeitsintensiven Vorarbeiten abgeschlossen.

◆ **Die Setzlinge** werden umgepflanzt. Während der Regenzeit werden die Reispflanzen in einem Abstand von 20 cm x 20 cm in den vorbereiteten Boden gepflanzt. Das Wasser darf nur so hoch stehen, dass der Boden knapp gesättigt ist.

◆ **Die Bewässerung** Ab dem 3. Tag stehen die Reispflanzen rund 2 cm tief im Wasser. Während der ersten Wachstumsperiode beträgt der Wasserstand 3 bis 5 cm, sobald die Pflanze ausgewachsen ist und bis zur Reife 5 bis 10 cm. Das Wasser ist während der ersten 10 Tage nach dem Umpflanzen sehr wichtig, damit das Wachstum von Unkraut unterdrückt werden kann. Die Wasserzufuhr gestaltet sich je nach örtlichen Gegebenheiten immer wieder anders. In höher gelegenen Feldern ist es gesammeltes Regenwasser, in den Niederungen durch Dämme gestautes Flutwasser oder mit Strombrechern abgeleitetes Flusswasser. In Kanälen und Tunneln wird auch Wasser aus Reservoirs zugeführt.

◆ **Die Schädlinge** Das Unkraut muss regelmäßig entfernt werden, damit die Reispflanze genügend Nährstoffe bekommt. Eine gute Beobachtung des Feldes schützt vor schädlichen Insekten. Im frühen Wachstumsstadium kann sich der Reis von Insektenfrass erholen, später kann es zu gravierenden Ernteeinbußen kommen.

◆ **Die Düngung** Von der Pflanzung bis zur Blütenphase arbeitet man seitlich zur Reispflanze Dünger ein. Er erhöht das Gewicht der Körner.

◆ **Die Ernte** 2 bis 3 Wochen vor der Ernte legt der Bauer das Feld trocken. Wenn die Körner an der Spitze hart und goldgelb sind, steht die Ernte vor der Tür. Um Getreideverluste zu vermeiden und die Qualität des Korns zu steigern, wird der Reis noch auf dem Feld gedroschen und dann raschmöglichst getrocknet und gereinigt. Für die Lagerung darf der Rohreis, auch Paddy genannt, nicht mehr als 12 bis 14% Feuchtigkeit enthalten. Bei einem höherem Wasseranteil beginnt er zu gären und verdirbt. 75% der weltweiten Ernte entfällt auf dieses Ökosystem, 94% davon auf Asien.

2. Tiefwasserreis oder flutausgesetzter Reis wächst in Wassertiefen, auf die der Mensch nur begrenzt Einfluss hat. Der schwimmende Reis schützt sich vor einer Überflutung, indem er täglich bis zu 10 cm wächst. Damit der bis zu 6 m lange Halm gestützt werden kann, entwickelt die Pflanze ein spezielles Wurzelsystem. Die Pflanze erträgt zwischen 4 (ältere Sorten) und 10 Tagen (neuere Sorten) Überflutung. Diese Anbaumethode stellt an den Reis bezüglich Wassertiefe, Wasser- und Bodenqualität (saure Böden), Salztoleranz und plötzliche Fluten hohe Anforderungen.

3. Regenabhängiger Niederungsreis wird in eingedämmten Feldern gepflanzt und steht nur zeitweise im Wasser. Widerstandfähigkeit gegen Witterungsschwankungen wie Dürre oder Überflutung sind die typischen Merkmale dieses Systems.

4. Hochland- oder Bergreis gedeiht auf nährstoffarmen Böden. Wie der Niederungsreis ist auch dieser Reis während der Vegetationszeit auf Regen angewiesen. Dieser Reis wird oft in Mischkulturen angebaut. Die Körner werden direkt in den trockenen und gepflügten Boden gesät. Meist sind die Felder nicht eingedämmt. Unkraut kann bei Hochlandreis die Ernte um 30 bis 100% verringern, ebenso können schlechte Bodenqualität, ausbleibender oder zu viel Niederschlag den Ertrag schmälern.

Reisanbau in Europa

In Frankreich, Italien und Spanien wird Nassreis (siehe Punkt 1) gepflanzt. Je nach Wachstumsstand sind die Felder zart grün oder kräftig gelb.

Italien ist der größte Reisproduzent Europas. Im «Stiefel» werden nicht nur Risotto-Reis (Sorte Japonica; eher rundes, milchiges Korn = Rundkorn), sondern auch Indica (langes Korn) und Javanica (breites, langes Korn = Mittelkorn) angebaut. In Frankreich gedeiht der rote Camargue-Reis.

Reisanbau in den USA

Arkansas ist heute der größte Reisproduzent in den USA, gefolgt von Louisiana, Kalifornien, Texas, Mississippi und Missouri. Riesige Felder werden mit Maschinen, ausgerüstet mit modernster Lasertechnik, millimetergenau planiert und mit Spezialmaschinen werden Dämme gebaut. Das vorgequollene Saatgut wird mit Flugzeugen in die überfluteten Felder gesät.

Mit mehreren mächtigen, gestaffelt fahrenden Spezial-Mähdreschern wird geerntet. Im Gegensatz zu anderen Getreidesorten werden bei der Reispflanze nur die Rispen abgeschnitten.

Die USA blicken auf 300 Jahre Reisanbau zurück. Sie haben die fortschrittlichsten Methoden zur Reisverarbeitung entwickelt. Die USA sind auch einer der größten Reisexporteure.

Komplizierter als man denkt:
das Reiskorn

Das Reiskorn ist von der Spelze, einer harten, kieselhaltigen Schale umgeben. In dieser Form ist das Korn keimfähig. Unmittelbar darunter liegt eine zweite, mehrschichtige Schale: das Silberhäutchen, bestehend aus Aleuronschicht, Samenschale und Fruchtschale.

Das Silberhäutchen umschließt den Mehlkern des Reiskorns. Am Ende des Korns sitzt der Keimling (Embryo), der am meisten Nährstoffe enthält.

Keimling und Silberhäutchen sind reich an Eiweiß, Vitaminen, Mineralstoffen und Fett. Das eigentliche Korn besteht aus feiner Reisstärke.

Je weißer der Reis ist, desto weniger Inhaltsstoffe enthält er.

Die Inhaltsstoffe des Reiskorns (je 100 g ungekochter Reis)

		Naturreis	weißer Reis
Energie	kcal	348	347
	kJ	1455	1452
Inhaltsstoffe	Eiweiß	7,40 g	7,00 g
	Fett, gesamt	2,20 g	0,62 g
	Fett, mehrfach ungesättigte Fettsäuren	0,80 g	–
	Kohlehydrate, verwertbar	73,40 g	78,70 g
	Faserstoffe/Ballaststoffe	2,20 g	0,24 g
	Wasser	13,10 g	12,90 g
Mineralstoffe	Natrium	10,00 mg	6,00 mg
	Kalium	150,00 mg	103,00 mg
	Kalzium	23,00 mg	6,00 mg
	Phosphor	325,00 mg	120,00 mg
	Magnesium	157,00 mg	64,0 mg
	Eisen	2,60 mg	0,60 mg
	Fluor	0,06 mg	–
Vitamine	E	1,2 mg	0,40 mg
	B_1	0,41 mg	0,06 mg
	B_2	0,09 mg	0,03 mg
	Niacin	5,20 mg	1,30 mg
	B_6	0,67 mg	0,15 mg

Rundum gesund

Das «Brot» der asiatischen Völker sättigt nicht nur, es ist auch gesund.

Reis normalisiert die Verdauung
Naturbelassener Reis hat einen hohen Anteil an Faserstoffen, welche die Darmperistaltik sanft anregen und die Ausscheidung über den Dickdarm fördern. Reisschleim beruhigt den Darm bei Durchfall.

Reis macht schlank
Mit durchschnittlich 75% ist der Anteil an komplexen Kohlehydraten sehr hoch. Der Reis enthält viel Stärke, aber wenig Fett. Kohlehydrate liefern nur halb so viele Kalorien wie Fett. Komplexe Kohlehydrate haben gegenüber Fleisch und Fisch einige Vorteile: dank ihrem Volumen sättigen sie einesteils rasch, andernteils werden sie im Stoffwechsel nur langsam verarbeitet, was zu einer längeren Sättigung führt. 100 g gekochter Reis enthält nur 109 kcal/458 kJoule und eignet sich damit hervorragend für Schlankheitskuren.

Reis lindert Allergien
Der Reis zählt zu den allergenarmen Lebensmitteln. Für Menschen mit Veranlagung zu Nahrungsmittelallergien ist er ein ausgezeichnetes Mittel, um die in der Basiskost vorkommenden Unverträglichkeiten abzufangen und auszugleichen.

Reis bei Zöliakie

Bei einer Klebereiweiß-Unverträglichkeit (Zöliakie beziehungs-
weise Sprue) ist der glutenfreie Reis ein guter Ersatz für
Getreide wie Weizen, Roggen, Gerste und Hafer. (Reis und
Reismehl eignen sich nur bedingt zum Backen.)

Reis entlastet bei Gicht

Reis ist ein purinarmes Lebensmittel (100 g gekochter weißer
Reis enthält nur 10 g Purine). Bei Störungen im Purinstoff-
wechsel kann es zu erhöhten Purinwerten im Blut und/oder
Harn kommen. Viel frisches Gemüse und Vollkorngetreide
unterstützen die Ausscheidung von Harnsäure, das Abbau-
produkt der Purine.

Reis entschlackt

Reis enthält Glucuronsäure, ein leicht lösliches Kohlehydrat.
Das dazugehörige Enzym Glucuronidase spielt eine Rolle bei
der Ausscheidung von toxischen Abfallprodukten aus dem
Stoffwechsel der Nebennierenrinde. Mit Hilfe der Glucuroni-
dase verbindet sich die Glucuronsäure mit Giftstoffen wie
Kampfer, Menthol und Salizylsäure und scheidet sie über die
Nieren aus.

Die Glucuronsäure ist im Naturreis besonders wirksam. Sie
kommt auch in Rande/Rote Bete, Brombeeren, Himbeeren,
Johannisbeeren und Stachelbeeren, Weintrauben, Sojaboh-
nen, Agar-Agar und Honig vor. Im Stoffwechsel finden wir
sie in der Synovialflüssigkeit (Gelenkschmiere). Das erklärt die
wohltuende Wirkung der oben gennanten Lebensmittel bei
Gelenkbeschwerden.

Reis gegen Stress

Magnesium gilt als Antistress-Mineral. 100 g Reis enthalten
157 mg Magnesium, womit die Hälfte des Tagesbedarfes bei
Frauen und knapp die Hälfte bei Männern gedeckt werden
kann. Je größer die psychische und/oder physische Belastung,
desto höher ist der Magnesiumbedarf. Das Mineral entspannt
bei Übererregbarkeit und mindert Konzentrationsstörungen.

Reis für die Fitness

Reis erfüllt alle Anforderungen einer leichten, modernen
Ernährung. Er ist reich an komplexen Kohlehydraten, zudem
fettarm und verdauungsfördernd sowie vitamin- und mineral-
stoffreich.

Vom rohen zum geschliffenen Reis

Auf dem asiatischen Kontinent ernährten sich die Menschen jahrtausendelang fast ausschließlich von Naturreis. Doch schon zu Zeiten Konfuzius gab es für den Adel helleren Reis. Mit Mörser und Stössel wurden sorgfältig und von Hand die äußeren Randschichten des Korns entfernt. Schon damals galt weißer Reis und Weißbrot als Statussymbol der reichen Oberschicht.

Rohreis (Paddy)

Rohreis heißen die gedroschenen und getrockneten Körner, die noch von der kieselhaltigen, harten und ungenießbaren Spelze umgeben sind. In dieser Form ist das Korn vor Schädlingen geschützt. Es wird auch als Saatgut verwendet.

Halbrohreis oder Vollreis/Naturreis, Brown Rice

Früher wurde der Reis gestampft, um die Spelze vom Korn zu lösen. Heute gibt es dafür Maschinen, d. h. die Körner werden zwischen zwei Gummiwalzen sanft gerieben.

Weißer Reis

Der Vollreis/Naturreis wird zuerst getrocknet und gereinigt und nach Größe sortiert. Silberhäutchen und damit auch wertvolle Vitamine und Mineralstoffe werden durch das anschließende Schleifen entfernt. Die nährstoffreiche Reiskleie kann verwertet werden, aus dem Keimling wird ein delikates Speiseöl gepresst. Man spricht von poliertem Reis, wenn auch die Schleifspuren entfernt werden.

Weißer Reis hat einen deutlich geringeren Nährwert als Vollkorn-/Naturreis. Besonders groß ist der Verlust an Vitamin B1.

Vor 200 Jahren wurden in Amerika die wasserbetriebenen Reismühlen erfunden und entwickelt. Die Randschichten wurden großzügig abgeschliffen. Auch der fetthaltige Keim ließ sich damit entfernen. Der Reis wurde dadurch länger haltbar. Das war für Gebiete mit heiß-feuchtem Tropenklima sehr wichtig. Die gesundheitlichen Folgen aber waren katastrophal.

Parboiled Reis

Um die gesundheitlichen Nachteile von weißem Reis zu
mindern, entwickelten die Amerikaner nach dem Zweiten
Weltkrieg das Parboiling-Verfahren (vorkochen). Dem Rohreis
wird unter Vakuum zuerst die Luft entzogen. Danach werden
die Körner in lauwarmem Wasser eingeweicht: Die im Silberhäutchen und im Keimling enthaltenen wertvollen Nährstoffe
lösen sich. Mit Wasserdampf und hohem Druck werden die
Nährstoffe ins Innere des Reiskorns gepresst. In der anschlie-
ßenden Dampfwäsche wird die Oberfläche versiegelt. Nach
der Trocknung wird das Silberhäutchen und der Keimling
entfernt. Vitamine und Mineralstoffe bleiben weitgehend
erhalten. Allerdings fehlen die verdauungsfördernden Randschichten und der Keimling. 20% der Welternte wird zu
Parboiled Reis verarbeitet. Der Reis ist gut lagerfähig und
bleibt beim Kochen locker und körnig. Das leicht transparente
gelbliche Korn wird beim Kochen weiß.

Basmatireis, Langkorn
Indien
Wasser-, Quell-, Dampfreis

Jasminreis, Brown rice, Langkorn
Thailand
Wasser-, Quell-, Dampfreis

Carolina-Reis, Langkorn
USA
Wasser- und Quellreis

Jasminreis, Langkorn
Thailand
Wasser-, Quell-, Dampfreis

Patna-Reis, Langkorn
Thailand, USA, Indien
Quell- und Dampfreis

Naturreis, Langkorn

Wasser- und Quellreis

Parfümreis, Langkorn
Thailand
Wasser-, Quell-, Dampfreis

Weißer Klebereis, Langkorn
Thailand
Dampfreis

Schwarzer Klebereis, Langkorn
Indonesien, Vietnam, Thailand
Dampfreis

Vialone, Mittelkorn, Naturreis
Italien
Risotto

Originaro, Rundkorn
Italien
Risotto, Milchreis

Calrose (Mochi-Reis), Klebereis, Rundkorn
Japan
Dampf- und Milchreis

Vialone, Mittelkorn
Italien
Risotto

Carnaroli, Rundkorn
Italien
Risotto, Milchreis

Uruchi-Reis (Sushi-Reis), Rundkorn
Japan
Dampf- und Milchreis

Roter Reis, Mittelkorn
Camargue (Frankreich)
Risotto

Arborio, Rundkorn
Italien
Risotto, Milchreis

Mahnomin, Wildreis
USA, Kanada
Wasser- und Quellreis

Jeder findet eine Lieblingssorte

In Indien, Pakistan und Sri Lanka werden lange, dünne Reiskörner verwendet, die im Salzwasser gekocht werden. Das Reisgericht ist trocken und locker.

In Thailand, Vietnam, Malaysia und Indonesien wird der Reis ohne Salz gekocht. Das Reisgericht ist trocken und körnig.

In Kambodscha, China, Korea und Japan liebt man Kurzkorn- und Mittelkornreis, der ebenfalls ohne Salz gekocht wird und leicht klebt.

In Laos verzehrt man am liebsten Klebereis.

Es gibt über 8 000 Reissorten, wovon allerdings nur einige wenige in den Handel kommen. Die Reissorten lassen sich in drei Gundtypen einteilen.

Rund-, Mittel- und Langkornreis

Langkorn (Fino und Super-fino, Indica-Sorten)	langes, schmales Korn; länger als 6,4 mm
Mittelkorn (Semifino)	mittellanges Korn; zwischen 5,2 und 6 mm
Rundkorn (Commune oder Originario)	rundes, kleines Korn; kürzer als 5,2 mm

Langkorn-Reis

Langes, schlankes Korn. Der Stärkekern ist hart und im geschälten Zustand glasig. Beim Kochen bleibt der Reis körnig und locker. Langkorn-Reis wird mehrheitlich als Wasserreis/Trockenreis, Quellreis (Absorptionsmethode) oder Dampfreis zubereitet. Die bei uns angebotenen Sorten stammen mehrheitlich aus den USA, der Rest verteilt sich auf die übrigen Länder. Langkorn-Reis ist vielseitig verwendbar, er eignet sich u. a. als Beilage zu Fleisch und Gemüse, für Reisgerichte und Reissalat.

Langkorn-Duftreis oder Parfümreis

Die fruchtbaren, stark mineralhaltigen Böden in Thailand und im Norden Indiens geben dem Duftreis ein gewürzähnliches Aroma. Duft- oder Parfümreis ist ein reines Natur-produkt (es wird kein ätherisches Öl eingesetzt).

Der indische Basmatireis und auch der thailändische Parfümreis kleben beim Kochen nicht zusammen und bleiben körnig. Beide Sorten eignen sich für Trocken- oder Quellreis sowie für exotische und fernöstliche Reisgerichte.

Mittelkorn-Reis (mittellanger Reis)

Der Mittelkorn-Reis mit seinem dicken, jedoch länglichen Korn hat einen weichen Kern. Das geschälte Korn ist bis auf einen kleinen, undurchsichtigen Teil in der Mitte durchsichtig. Dieser Reistyp nimmt beim Kochen mehr Flüssigkeit auf als das Langkorn und gibt auch mehr Stärke ab.

Die bei uns verkauften Sorten kommen hauptsächlich aus Italien, Südamerika und den USA. Die Italiener verwenden für ihren Risotto die Sorten Vialone, Arborio oder Carnaroli.

Rundkorn-Reis (runder Reis)

Das gedrungene, rundliche Korn eignet sich besonders gut für süße Speisen und Desserts. Der Rundkorn-Reis braucht mehr Flüssigkeit als der Langkorn-Reis und gibt mehr Stärke ab. Das geschälte Korn hat einen undurchsichtigen Kern.

Rundkorn-Klebereis

Der Klebereis, auch Süßer Reis genannt, kommt ursprünglich aus Japan und wird heute auch in den USA angebaut. Das Korn ist gedrungen, länglich bis rund und zählt zu den erlesensten Reisspezialitäten. Das rohe Korn ist undurchsichtig, durch das Kochen wird es durchsichtig und angenehm weich. Die Körner kleben stark zusammen und sind deshalb ideal für Milchreis, Desserts und Aufläufe. In der asiatischen Küche wird der Reis für Füllungen, Beilagen, Gebäck und Desserts sowie für Spezialitäten verwendet.

Schwarzer Klebereis

Beim schwarzen Klebereis handelt es sich um einen gerösteten Reis. Sein volles, erdiges Aroma harmoniert mit Palm- oder Kokosnusszucker und Kokosnussmilch. Schwarzer und wilder süßer Reis werden mehrheitlich für süße Gerichte verwendet.

Schwarzer Klebereis wird in Laos, Kambodscha, Vietnam und Thailand angepflanzt, wo er ein Grundnahrungsmittel ist.

Roter Camargue-Reis

Das ovale, mittellange Korn ist bräunlich-rot. Es ist das Produkt einer spontanen Mutation. Der Anbau beschränkt sich auf die Feuchtgebiete der Camargue in Südfrankreich.

Die rote Farbe befindet sich in dem das Korn umhüllenden Häutchen. Der Reis wird poliert, aber nicht geschält. Er stammt meist aus biologischem Anbau. Nach dem Kochen ist er leicht klebrig, bleibt aber dennoch bissfest. Camargue-Reis hat einen leicht erdigen Geschmack.

Ähnliche Arten sind in Westafrika (Oryza glaberrima), Goa und einigen Gegenden in den USA heimisch.

Der Camargue-Reis darf wie der Wildreis kräftig gewürzt werden, z. B. mit Knoblauch, frischen Kräutern und wenig Essig oder Zitronensaft.

Wildreis

Wildreis galt früher als Geheimtipp, er war sehr teuer und entsprechend schwer zu beschaffen. Heute ist der Wildreis für alle erschwinglich und fast überall erhältlich. Der Wildreis ist kein Reis sondern ein Wassergras. Er wächst in sauberen Seen und Sümpfen, vom Nordosten der USA und dem angrenzenden Kanada bis nach Florida.

Da der steigende Bedarf kaum mehr gedeckt werden kann, wird versucht, den Wildreis auch in Kalifornien, Florida und Wisconsin anzusiedeln. Das Ziel ist, durch Züchtung Sorten mit höherem Ertrag und gleicher Reifezeit aller Körner zu erhalten. Bezüglich Qualität und Geschmack sind die Zuchtsorten dem echten Wildreis unterlegen.

Im Mai beginnt das Gras unter der Wasser-oberfläche zu keimen und erreicht eine Höhe von 1 bis 3 Metern. Die Rispe wächst über dem Wasserspiegel. Die im Nordosten an-säßigen Ojibwa- oder Chippewa-Indianer ernten im September die reifen Körner: Sie fuhren früher mit den Kanus, heute mit Propeller- oder Luftkissenbooten mehrere Male zwischen den Ähren durch, biegen die Halme über den Bootsrand und schlagen die reifen Körner ins Boot. Dabei fallen auch Körner ins Wasser und sichern so den Weiterbestand.

Im traditionellen Reisanbau werden die Kör-ner einige Tage an der Sonne getrocknet und anschließend über dem Holzfeuer gedörrt. Das gibt dem Wildreis die charakteristische Farbe und den feinen Geschmack. Danach wird das geschrumpfte Korn von der Spelze befreit.

Diese arbeitsintensive Weiterverarbeitung wird heute in den Anbaugebieten von Ma-schinen in kurzer Zeit erledigt. In großen Förderanlagen werden die Körner dem Dampf ausgesetzt, getrocknet und entspelzt.

Den nach traditioneller Art angepflanzten Wildreis nennt man Öko-Wildreis oder Mahnomin- oder Menoomin-Wildreis. Er wird ausschließlich von indianischen Erzeuger-genossenschaften produziert.

Schnellkoch-Wildreis

Das Korn wird angeritzt (Skarifikation), vor-gekocht und anschließend getrocknet. Dieser Reis ist matt-rötlich-bräunlich und im Geschmack milder als der übliche Wildreis. Das Einweichen erübrigt sich; die Kochzeit beträgt rund 20 Minuten. Im Handel sind Mischungen mit Naturreis, Basmatireis und Parboiled Reis erhältlich.

Basmati-Wildreis-Mischung

Dieses Fertigprodukt wurde in Europa kreiert. Die beiden Reissorten werden getrennt vor-behandelt, damit die Garzeiten gleich sind. Ein schmackhaftes Schnellgericht.

Grüner Reis

Die Reiskörner werden unreif geerntet und zu Flocken gestampft. Durch das Stampfen ist die Stärke bereits aufgeschlossen. Die Flocken haben eine kurze Garzeit. Kurzes Braten oder Kochen im Dampf genügt. Gerösteter oder gedämpfter grüner Reis wird in Vietnam und Thailand sehr geschätzt und beispielsweise zu gebratenen Bananen serviert.

Was sich aus Reis herstellen lässt

Wertvolle Abfallprodukte

Besonders erfinderisch sind die Japaner und die Chinesen, wenn es um die Abfallverwertung geht. Sie decken mit dem Reisstroh Dächer und flechten Hüte und Körbe. Die Spelzen sind willkommenes Brennmaterial. Aus Kleie und Keimling stellt man durch Raffination Öl für die Küche und die Seifenindustrie her.

Reismehl

entsteht durch das Mahlen von ungeschältem oder poliertem Reis oder Bruchreis. Der Mahlvorgang ist ähnlich wie bei anderen Getreidesorten, nur dass der Reis viel feiner gemahlen wird. Das Reismehl enthält viel Stärke, aber kaum Klebereiweiß und ist deshalb nicht backfähig. Das im Reismehl enthaltene Eiweiß kann nicht wie das Brotgetreide ein netzartiges Gerüst aufbauen. Das Gebäck bleibt flach und bekommt nur kleine Poren. Die feinkörnige Reisstärke eignet sich hingegen zum Binden von Suppen, Saucen und Desserts. Das Mehl ist auch in der Diätküche und für die Herstellung von Babynahrung beliebt. Auch als Kosmetikpuder geeignet.

Reispapierblätter

werden aus Reismehl hergestellt. Die Blätter werden als Hüllen für die in Asien und Europa beliebten Frühlingsrollen verwendet.

Die in verschiedenen Größen angebotenen feinen Blätter sind zerbrechlich. Sie müssen vor der Verarbeitung eingeweicht werden. Die einzige Schwierigkeit besteht darin, die Blätter zur richtigen Zeit aus dem Wasser zu nehmen. Wenn sie zu trocken sind, brechen sie beim Aufrollen. Wenn sie zu weich sind, verlieren sie die Spannkraft und reißen.

Reisnudeln

Das Angebot im Asienladen reicht von zentimeterbreiten Bandnudeln bis haarfeinen Suppennudeln. Getrocknete Reisnudeln sind glasig, fast transparent und spröde. Im getrockneten Zustand können sie mit Glasnudeln (aus Mehl aus Mungobohnen hergestellt) verwechselt werden. Nach dem Kochen haben die Reisnudeln wieder die Farbe von poliertem Reis, d. h. sie sind milchig-weiß. In Europa sind in der Regel nur getrocknete Reisnudeln im Handel. Die Zubereitung ist einfach. Entweder man kocht die Nudeln einige Minuten in sprudelndem Wasser oder man übergießt sie mit kochendem Wasser und lässt sie darin etwa 10 Minuten liegen. Nudeln anschließend gut mit kaltem Wasser überbrausen, damit sie nicht zusammenkleben. Ideal als Suppeneinlage oder für pfannengerührte Gerichte.

Reiswaffeln

Für Reiswaffeln wird Naturreis auf 260 °C erhitzt: die Körner platzen, kleben aneinander und lassen sich so in Formen pressen. Die Waffeln sind luftig-leicht und knusprig und haben ein unaufdringliches Röstaroma.

Mochi

Die gepressten Reiskuchen essen die Japaner zum Neujahr. Sie werden aus süßem Reis hergestellt, unter Dampf gegart, fein zerstampft, getrocknet und zu kleinen Riegeln gepresst und dann vakuumiert. Am besten schmecken sie gebacken oder frittiert, dabei platzen die Reiskörner. Mochi können mit Honig, Sojasauce oder mit einem Dipp serviert werden.

Reiscrackers

In Europa knabbert man Salzstangen und Kartoffelchips, in Japan liebt man die Reiscrackers. Das leichte Gebäck wird mit Nori-Algen pikant abgeschmeckt und mit Sojasauce und schwarzem Sesam gewürzt.

Reisflocken

Für Flocken werden die Reiskörner gedämpft und gewalzt oder gequetscht. Reisflocken sind sehr knusprig und ideal für Müeslis.

Amazake

Für das Süßungsmittel wird gekochter Naturreis mit einer Pilzkultur angesetzt und über Nacht an einen warmen Ort gestellt. Durch den Wärmeeinfluss kommt es zur Fermentation. Ideal zum Süßen von Kuchen und Desserts.

Reisessig

Reisessig ist in Asien so verbreitet wie bei uns Apfel- oder Weinessig. Der Essig wird aus Reiswein destilliert, er kann klar bis fast schwarz sein.

Schwarzer Reisessig

Käftiger, malziger Geschmack. Er wird aus braunem Reis hergestellt und mit Hirseextrakt, Salz und Zucker aromatisiert.

Roter chinesischer Essig

Süß und würzig. Passt zu Meeresfrüchten und ist besonders beliebt für Dips.

Klarer chinesischer Essig

Sehr mild. Mit Wasser verdünnt.. Zum Kochen von süßen und salzigen Gerichten sowie für Pickles.

Japanischer Reisessig

Milder Geschmack. Aus einem Reisweindestillat hergestellt und mit Wasser verdünnt. Mit verschiedenen Extrakten wie Weizen, Mais und Sake-Trester aromatisiert. Ideal für Sushi.

Reis-Miso

Hatcho-Miso ist eine aus Sojasauce, Reis und Salz hergestellte cremige bis feste Paste, die man in Japan seit Jahrhunderten kennt. Die Mixtur wird mit einer Starterkultur angesetzt und bis 1½ Jahre fermentiert. Wird als Würzmittel für Dressings (Saucen) verwendet.

Reismilch/Reisdrink

Wenn man Reismehl mit Wasser ansetzt, wird die Stärke durch enzymatische Reaktionen in Maltose (Doppelzucker) umgewandelt. Das Produkt ist ein natursüßer Drink. Gute Alternative zu Kuhmilch (Milch-/Milchzucker-Unverträglichkeit).

Reisbier

Das Reisbier ist leicht und bekömmlich und enthält weniger Alkohol als unser Gerstensaft. Wird auch in Europa hergestellt.

Reiswein oder Sake

In Japan, Indonesien und China weit verbreitet. Enthält 14 bis 20 Vol.-% Alkohol. Der kräftige, trockene Reiswein wird in einer Porzellankaraffe erhitzt und 40 °C warm serviert. Man trinkt ihn aber auch zimmerwarm oder an heißen Tagen «on the rocks», also eiskalt! Überall wo der Reis als Nahrungsmittel eine Bedeutung hat, trinkt man auch Reiswein. Auf Bali ist es der roséfarbige «Brem», in China der bernsteinfarbige «Shaoxing».

Mirin

Mirin ist ebenfalls ein Reiswein, aber er hat nur 14 Vol.-% Alkohol. Er gibt vielen Gerichten eine exotische Note. Das Würzmittel hinterlässt im Gaumen einen leicht süßlichen Geschmack.

Reisbranntwein Arrak

In Indonesien, Thailand und Sri Lanka unter dem Namen Arrak bekannt. Aus Reis und Palmsaft hergestellt. Hat etwa 40 Vol.-% Alkohol und ist damit hochprozentiger als Reiswein.

ASIEN

Lamm-Pullao Indien

Lammragout

4 Zwiebeln, in Scheiben
Öl zum Braten
1 Zwiebel, fein gehackt
4 Knoblauchzehen, durchgepresst
1 EL fein geriebene Ingwerwurzel
je 1/2 TL Kurkuma-, Kardamom-,
    Gewürznelken-, Muskatnuss-
    pulver
1/2 EL Kümmelpulver
je 1 TL Zimt- und Korianderpulver
1/4–1/2 TL Chilipulver
3 dl/300 ml Jogurt natur
600 g Lammragout
1 1/2 TL Salz

Reis

350 g Basmatireis (Langkorn-Duftreis)
1 l Wasser
1 EL Öl
4 Gewürznelken
1/2 TL Kardamompulver
1 Zimtstängel
1–2 EL Rosinen
2 Briefchen Safranpulver
1 dl/100 ml Milch

1. Die Zwiebelscheiben im Öl knusprig braten, herausnehmen, auf Haushaltpapier abtropfen lassen.

2. Die gehackten Zwiebeln und den durchgepressten Knoblauch mit den Gewürzen vermengen, den Jogurt unterrühren. Das Lammragout und die Hälfte der gebratenen Zwiebelscheiben zufügen und vermengen, im Kühlschrank zugedeckt 3 Stunden marinieren.

3. In einem Brattopf wenig Öl erhitzen, das Lammragout mit der Marinade zufügen, erhitzen, salzen, zugedeckt bei schwacher Hitze 1 Stunde schmoren lassen.

4. Den Reis in einem Drahtsieb ausgiebig mit warmem Wasser überbrausen, mit Wasser, Öl, Gewürzen und Rosinen aufkochen, zugedeckt bei schwacher Hitze 5 Minuten köcheln lassen, abgießen und abtropfen lassen.

5. Das Safranpulver unter die Milch rühren.

6. Das Lamm mit der Sauce in einen Brattopf geben, die Safranmilch angießen. Den Reis darüber verteilen, mit den restlichen gebratenen Zwiebelscheiben bestreuen.

7. Das Lammragout zugedeckt im unteren Teil des auf 160 °C vorgeheizten Backofens 35 Minuten fertig garen.

Süßer Pullao Indien

Dessert für 4 Personen

1/2 EL Bratbutter/Butterschmalz
6 Kardamomkapseln
4 Gewürznelken
200 g Basmatireis (Langkorn-Duftreis)
2,25 dl/225 ml Wasser
1 Briefchen Safranpulver
2–3 EL Zucker
1–2 EL gehackte Pistazienkerne

Safranfäden, für die Garnitur

4 Portionen exotische Früchte,
z. B. eine Mischung aus Litschi,
Kaktusfeigen und Mango

1. Den Reis in einem Drahtsieb ausgiebig mit warmem Wasser überbrausen, gut abtropfen lassen.

2. Kardamomkapseln und Nelken in der Butter andünsten, den Reis zufügen und kurz mitdünsten. Das Wasser angießen, Safran und Zucker zufügen, zugedeckt bei schwacher Hitze 10 Minuten köcheln lassen. Die Pistazien zufügen, in etwa 5 Minuten fertig garen.

3. Die Schale der Litschi mit den Fingern oder mit einem Messer aufbrechen, die Frucht herausnehmen und den Kern entfernen. Kaktusfeigen mit einem Küchenmesser schälen – am besten mit Handschuhen – und in mundgerechte Stücke schneiden. Die Mango schälen, das Fruchtfleisch in Scheiben vom flachen holzig-faserigen Kern schneiden, dann in mundgerechte Stücke.

Abbildung

Pink Rice Indien

250 g Basmatireis (Langkorn-Duftreis)
2 EL Öl
1 TL Senfsamen
1 TL schwarze Pfefferkörner
1/2 TL Kümmelsamen
4 frische grüne Chilischoten
2 Auberginen
2 Zwiebeln, fein gehackt
4–5 Curryblätter
1 gekochte Rande/Rote Bete
1/2 TL Kurkuma
4 EL Kokosraspel
50 g Cashewkerne, geröstet
1 Zitrone, Saft
Salz

1. Den Reis in einem Drahtsieb ausgiebig mit warmem Wasser überbrausen, in eine Schüssel umfüllen und mit Wasser bedecken, einige Stunden quellen lassen. Das Wasser abgießen. Den Reis mit frischem Wasser aufkochen, 15 Minuten köcheln lassen, abgießen und abtropfen lassen.

2. Auberginen oben und unten kappen, in 15 mm große Würfel schneiden. Rande schälen und in 10 mm große Würfel schneiden.

3. Senfsamen, Pfeffer, Kümmel und Chilischoten im Öl 2 bis 3 Minuten andünsten. Auberginen, Zwiebeln und Curryblätter zufügen, zugedeckt bei schwacher Hitze knapp weich dünsten. Randen und Kurkuma zufügen, zugedeckt weitere 2 Minuten dünsten. Kokosraspel, Cashewkerne, Zitronensaft und Reis unterrühren, würzen. Zugedeckt rund 5 Minuten dünsten, bis der Reis heiß ist. Mit Salz abschmecken.

Gebratener Ananasreis Indien

Öl zum Rührbraten
1 Schalotte, fein gehackt
1 Frühlingszwiebel, in feinen Ringen
2 Knoblauchzehen, fein gehackt
1 TL mildes Currypulver
1/2 TL Kurkumapulver
300 g gekochter Parfümreis (Langkornreis)
1 Ananas, ca. 1,2 kg
Fischsauce
Zucker

1 Frühlingszwiebel für die Garnitur

1. Die Ananas mit dem Grün längs halbieren. Eine Hälfte schälen, die «Augen» ausstechen, den Strunk herausschneiden, das Fruchtfleisch würfeln. Die andere Ananashälfte bis auf ca. 1 cm aushöhlen, das Fruchtfleisch würfeln.

2. Schalotten, Frühlingszwiebeln und Knoblauch in wenig Öl kurz rührbraten, herausnehmen. Curry und Kurkuma ebenfalls in wenig Öl kurz braten, den Reis zufügen und 2 bis 3 Minuten rührbraten. Ananas zufügen und mitbraten. Schalotten-Frühlingszwiebel-Knoblauch-Mischung wieder zufügen, mit Fischsauce und Zucker abschmecken.

3. Den Reis in die Ananashälfte füllen.

4. Die gefüllte Ananas in der Mitte des auf 200 °C vorgeheizten Backofens rund 5 Minuten backen. Herausnehmen, garnieren.

Abbildung

Golden Fried Reis Indien

2 EL Öl
3 Zwiebeln, fein gehackt
2 Kardamomkapseln
2 Lorbeerblätter
11/2 TL Kreuzkümmelsamen
400 g brauner Langkornreis (brown rice)
1 Msp Kurkuma
8,5 dl/850 ml heißes Wasser
1 EL gehacktes Koriandergrün

1. Den Reis in einem Drahtsieb ausgiebig mit warmem Wasser überbrausen, in eine Schüssel umfüllen und mit kaltem Wasser bedecken, 20 Minuten quellen lassen, abgießen.

2. Die Zwiebeln im Öl goldbraun braten. Kardamom, Lorbeer und Kümmel zufügen, 1 Minute mitdünsten. Reis und Kurkuma zufügen, 8 bis 10 Minuten bei schwacher Hitze mitdünsten. Das heiße Wasser aufgießen, zugedeckt bei schwacher Hitze 30 Minuten köcheln lassen. Kardamomkapseln und Lorbeerblätter entfernen.

3. Den Reis anrichten, mit dem Koriander bestreuen.

Schweinssteak in der Kruste auf Reis Japan

4 Schweinssteaks, je ca. 2 cm dick
Salz; Pfeffer, frisch gemahlen
2 EL Mehl
1 Freilandei, verquirlt
ca. 8 EL frisches Paniermehl
Öl zum Braten
1 Zwiebel, in feinen Ringen
Öl zum Dünsten
4 dl/400 ml schwache Hühnerbrühe
5–6 EL Sojasauce
8 EL Sake
2 EL Zucker
3 Frühlingszwiebeln, in 1 cm dicken
   Scheiben

250 g gekochter Langkornreis
   (80 g roher Reis)

1. Die Steaks mit Salz und Pfeffer würzen.
Zuerst im Mehl, dann im Ei und zuletzt
im Paniermehl wenden. Im Öl beidseitig je
3–4 Minuten braten, warm stellen. Das
Öl weggießen und die Pfanne mit Küchen-
papier ausreiben.

2. Die feinen Zwiebelringe in der Fleischpfanne in wenig Öl andünsten. Mit der Hühnerbrühe aufgießen. Sojasauce, Sake und
Zucker unterrühren, Zwiebelscheiben zufügen,
2 bis 3 Minuten köcheln lassen.

3. Die Steaks in 2 bis 3 cm breite Streifen
schneiden. Den Reis in vorgewärmten
Schüsselchen anrichten. Zwiebelsauce darüber verteilen. Die Fleischstreifen darauf
anrichten. Sofort servieren.

Kokossuppe mit Riesengarnelen und Reis

1 Stück Galgantwurzel, ca. 8 cm,
   zerkleinert
4 dl/400 ml ungesüßte Kokosnussmilch
4 dl/400 ml Rinderfond aus dem Glas
3 Kaffirlimettenblätter, in Streifen
$1/2$–1 EL frisch gepresster Limettensaft
1 frische rote Chilischote, längs aufgeschnitten, entkernt, in feinen Streifen
8 rohe, geschälte Riesengarnelen/
   -krevetten mit Schwanzfächer
300 g gekochter Parfümreis
   (100 g roher Reis)
Fischsauce

gezupfter Koriander, für die Garnitur

1. Die zerkleinerte Galgantwurzel mit einem
Hammer leicht zerquetschen, mit Kokosmilch,
Rinderfond, Kaffirlimettenblättern, Limettensaft und Chilistreifen aufkochen, zugedeckt
bei schwacher Hitze 45 bis 60 Minuten
köcheln lassen.

2. Die Kokossuppe absieben, in die Pfanne
zurückgeben, aufkochen. Krevetten und Reis
zufügen, 2 bis 3 Minuten köcheln lassen, mit
der Fischsauce abschmecken.

3. Die Suppe auf vorgewärmte Suppenschalen verteilen. Mit dem Koriander
garnieren.

Abbildung

Rotes Curry mit Rindfleisch und Reis
Thailand

Reis

300 g Parfüm- oder Patna-Reis
(Langkornreis)

Curry

1 EL Öl
1–1½ EL rote Currypaste
3 dl/300 ml ungesüßte Kokos-
    nussmilch
2 dl/200 ml fettfreie Hühner-
    oder Gemüsebrühe
300 Thai-Auberginen, je nach Größe
    halbiert oder geviertelt
4 Kaffirlimettenblätter,
    in feinen Streifen
2 frische rote Chilischoten, längs
    halbiert, entkernt, in Streifen
400 g Rindshuft,
    15 mm groß gewürfelt
4 Zweige Thai-Basilikum
1½ TL Zucker
Salz

1. Den Reis in einem Drahtsieb ausgiebig mit warmem Wasser überbrausen, mit 9 dl/900 ml Wasser aufkochen, auf der ausgeschalteten Wärmequelle 12 bis 15 Minuten oder länger zugedeckt quellen lassen.

2. Die Currypaste im Öl 2 Minuten dünsten, mit der Kokosmilch und der Hühnerbrühe aufgießen, Limettenstreifen und Chilischoten zufügen, aufkochen, 5 bis 8 Minuten bei schwacher Hitze köcheln lassen. Das Fleisch und die Auberginen zufügen, weitere 3 bis 4 Minuten garen. Thai-Basilikum und Zucker zufügen, abschmecken.

Info: Currypaste, Kokosmilch, Kaffirlimettenblätter und Thai-Basilikum sind im Asienladen erhältlich. Currypaste und Kokosmilch gibt es auch bei vielen Großverteilern. Kaffirlimettenblätter können durch abgeriebene Schalen einer halben Limette oder einen Zitronengrasstängel (Lemongras) ersetzt werden.

Reispapier-Rollen Vietnam

für 4 Personen als Vorspeise

Sauce

**1 frische rote Chilischote,
   fein gehackt**
1 Knoblauchzehe, durchgepresst
2 EL Fischsauce
1¹/₂ EL Limettensaft
1 EL Zucker
2–3 EL Wasser

**8 runde Reisblätter von etwa
   16 cm Durchmesser**
1 Eiweiß, mit 1 EL Wasser verquirlt

Füllung

200 g gemischtes Hackfleisch
**1 EL getrocknete chinesische Pilze,
   eingeweicht**
**1 Frühlingszwiebel,
   in feinen Ringen**
1–2 Knoblauchzehen, durchgepresst
1 Karotte, gerieben
1 EL Maisstärke
1 Eigelb
1 TL Sesamöl
3–4 EL Fischsauce
Pfeffer, frisch gemahlen

Erdnussöl zum Frittieren

grüner Salat für die Garnitur

1. Für die Sauce alle Zutaten verrühren.

2. Die Reisblätter auf einer Seite mit dem Eiweiß bepinseln, 5 bis 10 Minuten in kaltem Wasser einweichen.

3. Für die Füllung die eingeweichten Pilze gut ausdrücken und hacken. Alle Zutaten vermengen, würzen.

4. Die Reisblätter aus dem Wasser nehmen und auf die Arbeitsfläche legen. Die Füllung auf das untere Drittel der Reisblätter verteilen. Die zwei gegenüberliegenden Seiten über die Füllung legen, dann von unten nach oben aufrollen.

5. Die Rollen portionenweise in heißem Öl rund 3 Minuten frittieren, auf Haushaltpapier abtropfen lassen und warm stellen, bis alle Rollen frittiert sind. Dann sofort auf Tellern anrichten. Die Sauce separat servieren.

Nasi Goreng Indonesien

300 g Langkornreis, z. B. Patna

Garnitur

2 Freilandeier
1 Msp Salz
Pfeffer, frisch gemahlen
Öl zum Braten
1 Zwiebel, in feinen Ringen
100 g Schinken, in Streifen

Öl zum Braten
250 g geschnetzeltes
Schweinefleisch
100 g rohe, geschälte Garnelen/
   Krevetten
2 Zwiebeln, fein gehackt
2 Knoblauchzehen, fein gehackt
1 rote Peperoni/Paprikaschote,
   halbiert, entkernt, in Streifen
1 mittelgroßer Lattich in Streifen
2 EL dunkle Sojasauce
1–2 TL mittelscharfes Currypulver
1–2 EL Kokosraspel

1. Den Reis in einem Drahtsieb ausgiebig mit warmem Wasser überbrausen, dann in reichlich Salzwasser al dente kochen, abgießen und abtropfen lassen.

2. Für die Garnitur aus verquirlten und gewürzten Eiern in wenig Öl ein Omelette ausbacken, aus der Pfanne nehmen, aufrollen und in Streifen schneiden. Die Zwiebeln und den Schinken in wenig Öl anbraten, herausnehmen. Vor dem Servieren alles nochmals kurz braten.

3. Das Fleisch und die Garnelen portionenweise in wenig Öl anbraten, herausnehmen. Zwiebeln, Knoblauch und Peperoni in wenig Öl dünsten, Lattich mitdünsten, bis er zusammengefallen ist. Fleisch, Garnelen und Reis zugeben, bei starker Hitze einige Minuten rührbraten. Mit Sojasauce und Curry würzen, Kokosraspel unterrühren.

4. Nasi Goreng auf vorgewärmten Tellern anrichten, Schinken-Omelette-Gemisch darüber verteilen.

Tipp: Dazu Mango-Chutney, Sambal Oelek, Ananas- und Bananenstückchen, Kroepoek und Sojasauce servieren.

Schwarzer Klebereis mit Früchten Bali/Indonesien

2,5 dl/250 ml ungesüßte Kokosnussmilch
2 dl/200 ml Wasser
80 g Palmzucker
1 Msp Salz
80 g schwarzer Klebereis
50 g weißer Klebereis
1 Mango
1 Baby-Ananas
1 EL Puderzucker

1. Den schwarzen und den weißen Klebereis in einem Drahtsieb ausgiebig mit warmem Wasser überbrausen, in eine Schüssel umfüllen und mit kaltem Wasser bedecken, 2 Stunden quellen lassen, abgießen.

2. Kokosmilch, Wasser, Zucker, Salz sowie schwarzen und weißen Klebereis aufkochen, unter mehrmaligem Rühren bei schwacher Hitze 30 bis 35 Minuten köcheln lassen. Die Pfanne von der Wärmequelle nehmen, den Reis auskühlen lassen.

3. Die Mango schälen, das Fruchtfleisch in Scheiben vom flachen holzig-faserigen Kern schneiden, in mundgerechte Stücke teilen. Die Ananas schälen, die «Augen» ausstechen, die Frucht halbieren und den Strunk herausschneiden, in mundgerechte Stücke schneiden. Die Früchte mit dem Puderzucker mischen, zugedeckt 10 Minuten marinieren.

4. Die Früchte mit dem Reis in Dessertschalen anrichten.

Abbildung

Gefüllte Zwiebeln Orient

4 ungeschälte kleinere Gemüsezwiebeln,
   ca. 8 cm Durchmesser

Füllung

150 g gekochter Langkornreis
125 g gehackte Mandeln
1/2 TL Piment (Nelkenpfeffer)
1/2 TL Muskatblütenpulver oder
1 Msp geriebene Muskatnuss
3 EL fein gehackte Petersilie
Salz; Pfeffer, frisch gemahlen

3 dl/300 ml heißes Wasser
1 Zitrone, Saft
1 Knoblauchzehe, durchgepresst

1. Die Zwiebeln bei starker Hitze im Wasser 25–30 Minuten garen. Herausnehmen und leicht auskühlen lassen. Die Zwiebeln schälen, den Wurzelansatz wegschneiden, einen Deckel abschneiden, das «Herz» mit einem scharfen Messer herauslösen und die Zwiebeln aushöhlen. Das Ausgehöhlte fein hacken.

2. Für die Füllung alle Zutaten mischen. Das Zwiebelfleisch unterrühren, würzen. Die Zwiebeln damit füllen. Den Deckel aufsetzen.

3. Die gefüllten Zwiebeln in eine eingeölte Gratinform stellen. Wasser, Zitronensaft und durchgepressten Knoblauch verrühren, in die Form gießen.

4. Die Zwiebeln in der Mitte des auf 180 °C vorgeheizten Backofens ca. 15 Minuten garen.

Sushi **Japan**

für 30 Stück

350 g Sushi-Reis (Rundkornreis)
4 EL Reisessig
1¹/₂ EL Zucker
¹/₂ TL Salz
5 Nori-Blätter, getoastet

Füllung

2 TL Wasabi-Paste
1 kleine Salatgurke
100 g blanchierter Spinat,
   gut ausgedrückt
150 g Rauchlachs, in Streifchen

zum Befeuchten der Hände

1 dl/100 ml Reisessig
3 dl/300 ml Wasser

1 Bambusmatte

1. Den Reis in einem Drahtsieb mit warmem Wasser überbrausen, in eine Schüssel geben und mit kaltem Wasser bedecken. Die Reiskörner zwischen den Handflächen reiben, das trübe Wasser abgießen. Wieder frisches Wasser zugießen. Den Vorgang wiederholen, bis das Wasser klar ist. Den Reis mit frischem Wasser bedecken, 20 Minuten quellen lassen, abgießen, 20 Minuten stehen lassen.

2. Den Reis mit 3,5 dl/350 ml Wasser aufkochen, zugedeckt bei schwacher Hitze köcheln lassen, bis der Reis alles Wasser aufgenommen hat. Auf der ausgeschalteten Wärmequelle zugedeckt etwa 10 Minuten trocknen lassen. Von der Wärmequelle nehmen, weitere 10 Minuten stehen lassen. Reisessig, Zucker

und Salz gut verrühren, portionenweise mit dem Reis vermengen. In einer Gratinform dünn ausstreichen.

3. Den Reisessig zum Wasser geben.

4. Die Gurke schälen, halbieren, entkernen, die Hälften in Längsrichtung in 3 mm x 3 mm dicke Streifen schneiden.

5. Bei den Nori-Blättern auf der Schmalseite je einen 4 cm breiten Streifen abschneiden. Je ein Blatt mit der glänzenden Seite nach unten auf die Bambusmatte legen; die Längsseite und die Bambusröhrchen sollen in die gleiche Richtung zeigen. Zur Verstärkung abgeschnittene Nori-Streifen in Längsrichtung in die Mitte der Nori-Blätter legen. Je einen Fünftel der Reismasse mit befeuchteten Händen zu einer Rolle formen, auf das Nori-Blatt legen. Die Rolle etwa 6 mm dick ausstreichen, an der oberen Kante 2,5 cm frei lassen. Wasabi längs in der Mitte darauf geben. Gurkenstreifen, Spinat und Lachsstreifen darauf legen. Die Füllung mit den Fingerspitzen festhalten und gleichzeitig mit den Daumen die Kanten der Matte langsam über die Füllung rollen. Weiterrollen, dabei sanft auf die Rolle drücken und die Endkante der Matte anheben, damit sie nicht mit eingerollt wird. So weiterfahren, bis das Sushi aufgerollt ist. Rolle sanft pressen. 1 bis 2 Minuten ruhen lassen.

6. Die Rollen mit einem in Reisessig-Wasser getauchten scharfen Messer in ca. 3 cm breite Scheiben schneiden, dabei das Messer flach halten und mit großen Bewegungen schneiden. Auf einer Platte anrichten.

Parfümreis mit Gemüse und Limettenblättern
Malaysia

300 g Parfümreis (Langkornreis)
1 TL Salz
1 Zitronengrasstängel
5 Kaffirlimettenblätter, in Streifchen
4,5 dl/450 ml Wasser
3 Schalotten, in feinen Ringen
Öl zum Braten
6 rohe, geschälte Garnelen/Krevetten
100 g gegarte grüne Bohnen
1/2 Salatgurke, 5 mm groß
gewürfelt

1. Den Reis in einem Drahtsieb ausgiebig mit warmem Wasser überbrausen, in eine Schüssel umfüllen, mit kaltem Wasser bedecken, 30 Minuten quellen lassen, abgießen.

2. Beim Zitronengras das zähe obere und untere Teil entfernen, den Stängel in feinste Scheiben schneiden, mit den Kaffirlimettenblättern mischen, zugedeckt beiseite stellen.

3. Den Reis mit 4,5 dl/450 ml Wasser und dem Salz aufkochen, zugedeckt bei schwacher Hitze 25 Minuten köcheln.

4. Die Schalotten in wenig Öl goldbraun und knusprig braten, herausnehmen, auf Haushaltpapier abtropfen lassen.

5. Die Garnelen in der Schalottenpfanne kurz braten, herausnehmen, salzen. Die Pfanne mit dem restlichen Öl beiseite stellen.

6. Reis, Garnelen, Bohnen, Kaffirlimettenblätter, Zitronengras und restliches Öl mischen. In eine vorgewärmte Schüssel geben. Gurken und Zwiebeln darüber streuen, sofort servieren.

Reisnudel-Suppe mit Rindfleisch
Vietnam

Rote Pfeffersauce

2 getrocknete rote Chilischoten
2 EL Wasser
1 rote Peperoni/Paprikaschote,
   halbiert, entkernt, gewürfelt
1/2 TL Zucker
1/2 TL Weißweinessig
1/2 TL Salz

250 g Reisnudeln
1,5 l Fleischbrühe
250 g Rindshuft, evtl. leicht
   angefroren, in 2 mm dünnen
   und ca. 4 cm langen Streifen
2 frische grüne oder rote Chilischoten, in feinen Ringen
1 Frühlingszwiebel, in feinen Ringen
1/2 Bund Koriandergrün,
   Blättchen gezupft
1 Bund Pfefferminze,
   Blättchen gezupft

1 Limette, in Segmenten/Schnitzen
5–6 EL Fischsauce
Weißweinessig

1. Die Reisnudeln in einem Drahtsieb ausgiebig mit warmem Wasser überbrausen, in eine Schüssel umfüllen und mit kaltem Wasser bedecken, 2 Stunden quellen lassen, abgießen.

2. Für die Sauce die Chilischoten mit den Fingern verreiben, Wasser zugeben, rund 30 Minuten einweichen. Die Peperoni halbieren, entkernen und klein würfeln. Sämtliche Zutaten im Cutter/Mixer zu einer Paste verarbeiten.

3. Die Fleischbrühe aufkochen.

4. Die Reisnudeln in reichlich kochendem Salzwasser 1 bis 2 Minuten köcheln lassen, abgießen und in Suppenschalen anrichten.

5. Rindfleisch, Chili, Frühlingszwiebeln und Kräuter über die Nudeln verteilen. Die heiße Fleischbrühe darüber gießen. Sofort servieren.

6. Die Suppe wird bei Tisch mit roter Pfeffersauce, Limettensaft, Fischsauce und Essig individuell gewürzt.

Variante
Man kann die Reisnudeln im Voraus kochen und kalt abschrecken. Dann in eine Schüssel geben und mit kaltem Wasser bedecken. Vor dem Servieren nochmals in kochendem Wasser einige Sekunden erhitzen. In vorgewärmte Suppenschalen verteilen.

AFRIKA

Curryreis Nigeria

250 g Langkornreis
1/2 l Wasser
1 TL Salz

Öl zum Braten
250 g Poulet-/Hähnchenbrust, in Streifen
1 Zwiebel, fein gehackt
1 EL Maismehl
1 Knoblauchzehe
3 cm Ingwerwurzel, geschält und
    fein gerieben
1–2 TL Currypulver
2 Tomaten, klein gewürfelt
je 1/2 TL Chili- und Gewürznelkenpulver
Salz
Pfeffer, frisch gemahlen
30 g Erdnüsse, im Mörser zerstossen oder
    sehr fein gehackt
2 dl/200 ml Wasser

1. Den Reis in einem Drahtsieb ausgiebig mit warmem Wasser überbrausen. Reis, Wasser und Salz aufkochen, zugedeckt bei schwacher Hitze 20 bis 25 Minuten köcheln lassen.

2. Die Pouletstreifen im Öl anbraten, herausnehmen. Die Zwiebeln in der Fleischpfanne im Öl andünsten. Maismehl, durchgepresste Knoblauchzehe, Ingwer und Curry unterrühren und kurz mitdünsten. Tomaten zufügen und mitdünsten, würzen. Köcheln lassen, bis fast alle Flüssigkeit verdampft ist. Erdnüsse, Wasser und Pouletfleisch zufügen, aufkochen, rund 5 Minuten köcheln lassen, bis die Sauce dicklich ist.

3. Reis und Pouletfleisch auf einer vorgewärmten Platte anrichten.

Kokosnussreis Nigeria

250 g roter Langkornreis
4 dl/400 ml ungesüßte Kokosnussmilch
1 Zwiebel, fein gehackt
2 Tomaten, klein gewürfelt
1 gelbe Peperoni/Paprikaschote, halbiert,
    entkernt, gewürfelt
Salz
Pfeffer, frisch gemahlen
4 geschälte Riesengarnelen/
    -krevetten mit Schwanzfächer
Öl

1. Den Reis in einem Drahtsieb ausgiebig mit warmem Wasser überbrausen, abtropfen lassen.

2. Reis, Kokosmilch, Zwiebeln, Tomaten und Peperoni aufkochen, mit Salz und Pfeffer würzen. Zugedeckt bei schwacher Hitze rund 45 Minuten köcheln lassen, abschmecken.

3. Die Riesengarnelen in wenig Öl kurz braten. Auf dem Reis anrichten

Tipp: Passt zu Fleisch-, Poulet- und Gemüsegerichten.

Abbildung

Kürbisreis mit Pistazien

250 g Kürbis, z. B. Potimarron,
   geschält, entkernt, gewürfelt
2,5 dl/250 ml Gemüsebrühe
Butter zum Dünsten
3 EL Pistazien
2 EL Sultaninen
1 Zwiebel, fein gehackt
250 g Langkornreis
1/2 TL Kurkuma
3 dl/300 ml Gemüsebrühe
2 dl/200 ml Kürbiskochwasser
1 Briefchen Safranpulver, in
   wenig Wasser aufgelöst

1. Den Reis in einem Drahtsieb ausgiebig mit warmem Wasser überbrausen, in eine Schüssel geben und mit kaltem Wasser bedecken, über Nacht quellen lassen. Das Wasser abgießen.

2. Den Kürbis in der Gemüsebrühe knackig garen, mit einem Schaumlöffel herausnehmen, beiseite stellen.

3. Die Pistazien und die Sultaninen in der Butter kurz dünsten, herausnehmen und beiseite stellen.

4. Die Zwiebeln in wenig Butter andünsten, Reis und Kurkuma zufügen und kurz mitdünsten. Mit der Gemüsebrühe und dem Kürbiswasser aufgießen, Safran zufügen, aufkochen. Den Deckel in ein Küchentuch einwickeln, auf die Pfanne legen. Den Reis bei schwacher Hitze rund 20 Minuten köcheln lassen.

5. Reis in vorgewärmten Tellern anrichten, mit den Pistazien und den Sultaninen bestreuen.

Tipp: Passt zu Poulet- und Lammfleischgerichten.

Reis mit Peperoni Nigeria

Erdnussöl zum Dünsten
2 Zwiebeln, fein gehackt
1 EL Tomatenpüree
4 Tomaten, Stielansatz entfernt, gewürfelt
2 rote und 1 grüne Peperoni/Paprika-
    schote, halbiert, entkernt, gewürfelt
250 g Langkornreis
1/2 l Gemüsebrühe
Salz
Pfeffer, frisch gemahlen

1. Den Reis in einem Drahtsieb ausgiebig
mit warmem Wasser überbrausen, abtropfen
lassen.

2. Die Zwiebeln im Öl andünsten, Tomatenpüree zufügen und kurz mitdünsten, die
Tomaten und die Peperoni zufügen und mitdünsten, den Reis unterrühren, die Gemüsebrühe angießen, aufkochen, zugedeckt bei
schwacher Hitze 20 bis 25 Minuten köcheln
lassen, mit Salz und Pfeffer abschmecken.

Tipp: Passt zu Fleisch- und Gemüsegerichten.

Kürbisreis mit Fisch

1/2 l Gemüsebrühe
250 g Langkornreis
250 g Kürbisfleisch, z. B. Muscade de
    Provence, geschält, entkernt, 1 cm groß
    gewürfelt
400 g Fischfilets, z. B. Heilbutt, gewürfelt
Erdnussöl zum Braten
1 TL Kurkuma
Salz
1 Zwiebel, fein gehackt
2 Knoblauchzehen, durchgepresst
2 EL Senfkörner
1 Zimtstange
1 EL Currypaste
1 Limette, Saft

1. Den Reis in einem Drahtsieb ausgiebig
mit warmem Wasser überbrausen. Den Reis
und die Gemüsebrühe aufkochen, zugedeckt
bei schwacher Hitze 15 Minuten köcheln
lassen. Den Kürbis zufügen, weitere 5 Minuten köcheln lassen, zugedeckt beiseite
stellen.

2. Die Fischwürfel kalt abspülen und trocken
tupfen. Im Öl goldbraun braten, herausnehmen, mit Kurkuma und Salz würzen.

3. Zwiebeln, Knoblauch, Senf, Zimt und
Currypaste in wenig Öl in der Fischpfanne
3 bis 4 Minuten dünsten. Den Reis zufügen
und kurz rührbraten. Die Zimtstange
entfernen. Den gebratenen Fisch vorsichtig
unterheben. Mit Limettensaft beträufeln.
Anrichten.

AMERIKA

Reissalat mit Poulet USA

Sauce

4 EL Jogurt natur
4 EL Mayonnaise
4 EL Weißweinessig
2¹/2 EL Ketschup
1 Zwiebel, fein gehackt
2 EL fein geschnittener Schnittlauch
Pfeffer, frisch gemahlen
Salz

200 g Langkornreis
1 Dose abgetropfte Maiskörner
1 Dose abgetropfte rote Bohnen
Öl zum Braten
250 g Poulet-/Hähnchenbrust, gewürfelt
Salz
Pfeffer, frisch gemahlen

1. Den Reis in einem Drahtsieb ausgiebig mit warmem Wasser überbrausen. Im Salzwasser 15 bis 20 Minuten köcheln lassen, bis er al dente ist, abgießen und abtropfen lassen.

2. Für die Sauce alle Zutaten verrühren, mit Salz und Pfeffer abschmecken.

3. Lauwarmen Reis, Maiskörner und rote Bohnen mit der Sauce mischen.

4. Pouletwürfel in wenig Öl ringsum goldbraun braten, würzen, leicht auskühlen lassen. Unter den Reis mischen.

5. Den Salat zugedeckt mindestens 30 Minuten ziehen lassen.

Reissalat mit Früchten USA

250 g Langkornreis

Sauce

1 Becher (180 g) Jogurt natur
180 g Crème fraîche
2–3 EL Apfelessig
1 Limette, abgeriebene Schale und Saft
5 EL geschmacksneutrales Öl
einige Tropfen Vanillearoma
1 TL Vollrohzucker

2 Orangen
1 Baby-Ananas
1/2 Cavaillon-Melone
3 EL Mandelblättchen, geröstet

geröstete Mandelblättchen für die Garnitur

1. Den Reis in einem Drahtsieb ausgiebig mit warmem Wasser überbrausen, im Salzwasser al dente kochen, etwa 20 Minuten. Abgießen und abtropfen lassen, wenig auskühlen lassen.

2. Für die Sauce alle Zutaten verrühren.

3. Die Orangen großzügig schälen, die Fruchtsegmente aus den Trennhäutchen lösen und entkernen. Die Ananas schälen, die «Augen» ausstechen, die Frucht halbieren, den Strunk entfernen, das Fruchtfleisch in mundgerechte Stücke schneiden. Die Melone schälen, entkernen und in mundgerechte Stücke schneiden.

4. Sauce, Früchte und Mandeln sorgfältig mit dem Reis mischen, etwa 30 Minuten ziehen lassen. Mit den restlichen Mandelblättchen garnieren.

Abbildung

Reis mit Chorizo
Mexiko

250 g parboiled Reis oder weißer
   Langkornreis
150 g Chorizo, ohne Haut, gewürfelt
Öl zum Dünsten
2 Zwiebeln, fein gehackt
1 Tomate, geschält, Stielansatz
   entfernt, gewürfelt
1/2 l Hühner- oder Gemüsebrühe
100 g tiefgekühlte grüne Erbsen
Salz
Pfeffer, frisch gemahlen

Tomaten- und Avocadospalten
   für die Garnitur

1. Den Reis in einem Drahtsieb ausgiebig mit warmem Wasser überbrausen. In eine Schüssel geben und mit abgekochtem Wasser bedecken, 10 bis 15 Minuten stehen lassen. Nun die Reiskörner zwischen den Handflächen reiben, so dass das Wasser trüb wird. Den Reis in das Drahtsieb gießen und mit warmem Wasser überbrausen. Den Vorgang mit kaltem Wasser wiederholen, bis das Wasser klar ist. Den Reis gut abtropfen lassen.

2. Chorizo in einer Bratpfanne bei mittlerer Hitze goldbraun braten, herausnehmen.

3. Die Zwiebeln in der Bratpfanne in wenig Öl andünsten, zuerst den Reis zufügen und mitdünsten, dann die Tomaten. Die Hühnerbrühe angießen, zugedeckt bei schwacher Hitze 15 Minuten köcheln lassen. Die grünen Erbsen 2 bis 3 Minuten mitkochen. Mit Salz und Pfeffer abschmecken. Chorizo beifügen.

4. Den Reis anrichten, mit den Tomaten- und Avocadospalten garnieren.

Reisgaletten

Galetten

Butter zum Dünsten
50 g Wildreis
100 g Langkornreis
3 dl/300 ml Gemüsebrühe
1 Eigelb von einem Freilandei
1 EL Crème fraîche
Salz
Pfeffer, frisch gemahlen

Olivenöl zum Braten

Belag

4–5 EL Crème fraîche
1 kleine Knoblauchzehe,
   durchgepresst
Salz
Pfeffer, frisch gemahlen
Zitronensaft
200 g Räucherlachs
2 Tomaten, Stielansatz entfernt,
   in feinen Scheiben
1/2 Salatgurke, in feinen Scheiben
wenig Eisbergsalat
Dill oder Schnittlauch

1. Den Wildreis und den Langkornreis in einem Drahtsieb ausgiebig mit warmem Wasser überbrausen, gut abtropfen lassen. Beide Reissorten in der Butter andünsten, die Gemüsebrühe angießen, aufkochen, den Reis zugedeckt bei schwacher Hitze 25 bis 30 Minuten köcheln lassen. Auskühlen lassen. Eigelb und Crème fraîche unterrühren, würzen.

2. Aus der Reismasse auf einem mit Backpapier belegten Blech 5 mm hohe Rondellen von ca. 8 cm Durchmesser formen. Zugedeckt 30 Minuten kühl stellen.

3. Die Reisgaletten in einer Bratpfanne in wenig Öl bei mittlerer Hitze beidseitig je ca. 2 Minuten goldbraun braten, herausnehmen, warm stellen.

4. Für den Belag Crème fraîche und Knoblauch verrühren, würzen.

5. Die Crème fraîche auf die Galetten verteilen, mit Lachs, Tomaten, Gurken, Salat und Kräutern belegen. Sofort servieren.

Reis mit Poulet und Früchten
Puerto Rico

Poulet

Öl zum Braten
1 Freilandpoulet/-hähnchen, ca. 800 g,
   in Teile zerlegt

1 roter Peperoncino/Pfefferschote,
   in Ringen
4 Tomaten, geschält, entkernt,
   klein geschnitten
je 1/2 EL Thymian- und
   Oreganoblättchen
2,5 dl/250 ml Hühnerbrühe
Salz
Pfeffer, frisch gemahlen

Reis

Butter zum Dünsten
1 Zimtstange
3 Gewürznelken
4 schwarze Pfefferkörner
300 g Langkornreis
6 dl/600 ml Hühnerbrühe
2 EL Kokosraspel
Salz
Pfeffer, frisch gemahlen

1 Gemüsebanane
1 kleine Ananas
Butter zum Braten

1. Die Pouletteile im Öl portionenweise anbraten, herausnehmen.

2. Peperoncini und Tomaten in der Fleischpfanne andünsten, die Kräuter zufügen, die Hühnerbrühe angießen. Die Pouletteile zufügen, zugedeckt bei schwacher Hitze 25 bis 30 Minuten köcheln lassen, mit Salz und Pfeffer abschmecken.

3. Den Reis in einem Drahtsieb ausgiebig mit warmem Wasser überbrausen, abtropfen lassen. Sämtliche Gewürze mit dem Reis in wenig Butter andünsten. Die Hühnerbrühe aufgießen, aufkochen, den Reis bei schwacher Hitze zugedeckt 20 Minuten köcheln lassen. Kokosraspel unterrühren, mit Salz und Pfeffer abschmecken.

4. Die Gemüsebanane schälen und in Scheiben schneiden. Die Ananas schälen, die «Augen» ausstechen, die Frucht halbieren und den Strunk entfernen, das Fruchtfleisch in mundgerechte Stücke schneiden. Bananen und Ananas in wenig Butter braten.

5. Reis auf vorgewärmten Tellern anrichten, Poulet, Bananen und Ananas darauf verteilen.

Tomatenreis Mexiko

Öl zum Dünsten
1 Zwiebel, fein gehackt
1 Knoblauchzehe, fein gehackt
400 g Tomaten, Stielansatz entfernt,
    klein gewürfelt
250 g Langkornreis
4–5 dl/400–500 ml Gemüsebrühe
Salz
Pfeffer, frisch gemahlen

Öl zum Braten
2 Zwiebeln, in feinen Ringen
je 1 grüne und rote Peperoni/
    Paprikaschote, halbiert, entkernt,
    in feinen Streifen

1. Den Reis in einem Drahtsieb ausgiebig mit warmem Wasser überbrausen, abtropfen lassen.

2. Die Zwiebeln und den Knoblauch in wenig Öl andünsten, die Tomaten kurz mitdünsten. Den Reis und die Gemüsebrühe zufügen, aufkochen, zugedeckt bei schwacher Hitze rund 20 Minuten köcheln lassen, mit Salz und Pfeffer abschmecken.

3. Die Zwiebelringe mit den Peperoni in wenig Öl unter Rühren knapp weich braten.

4. Den Reis auf einer vorgewärmten Platte anrichten, Peperoni-Zwiebel-Mischung darauf verteilen.

Jambalaya Jamaica

Öl zum Braten
800 g Freilandpoulet-/Hähnchenteile
100 g Schinkenwürfelchen
1 Zwiebel, fein gehackt
1 Knoblauchzehe, fein gehackt
1/2 gelbe Peperoni/Paprikaschote,
    entkernt, gewürfelt
1 EL Tomatenpüree
4 Tomaten, Stielansatz entfernt,
    gewürfelt
250 g Langkornreis
6 dl/600 ml Hühnerbrühe
1 TL Paprikapulver
1–2 Msp Cayennepfeffer
Salz
Pfeffer, frisch gemahlen
100 g Garnelen/Krevetten
2 Tomaten, Stielansatz entfernt,
    in Scheiben

1. Den Reis in einem Drahtsieb ausgiebig mit wamem Wasser überbrausen, abtropfen lassen.

2. Pouletteile und Schinkenwürfelchen in wenig Öl getrennt anbraten, beiseite stellen.

3. Zwiebeln, Knoblauch und Peperoni in der Fleischpfanne in wenig Öl andünsten, zuerst das Tomatenpüree, dann die Tomaten zufügen und mitdünsten. Den Reis unterrühren, mit der Hühnerbrühe aufgießen, aufkochen. Die Pouletteile auf den Reis legen, bei schwacher Hitze 15 Minuten köcheln lassen. Die Garnelen und den Schinken unterrühren. Die Tomatenscheiben auf den Reis legen, zugedeckt weitere 5 Minuten köcheln lassen.

EUROPA
VORDERER
ORIENT

Reiskuchen **Italien**

**für 1 Springform von 24 cm
Durchmesser
Backpapier für den Boden
Butter für den Rand**

7 dl/700 ml Milch
1/2 TL Salz
1 Bio-Zitrone, abgeriebene Schale
1 Bio-Orange, abgeriebene Schale
1 Vanilleschote, aufgeschnitten
**220 g Mittelkornreis,
    z. B. Vialone, Arborio**
50 g Zucker
**100 g gemischte kandierte Früchte,
    gehackt**
50 g Pistazien, gehackt
**2 EL Orangenblütenwasser
    (Drogerie, Apotheke)**
3 Eigelbe von Freilandeiern
50 g Zucker
3 Eiweiß
50 g Zucker

2–3 EL Pistazien
Puderzucker zum Bestäuben

1. Den Reis in einem Drahtsieb ausgiebig mit warmem Wasser überbrausen.

2. Den Rand der Springform mit Butter einstreichen. Den Boden mit Backpapier belegen (eine Rondelle ausschneiden).

3. Milch mit Salz, Zitronen- und Orangenschalen sowie ausgekratztem Vanillemark und Schotenhälften aufkochen. Den Reis zufügen, bei schwacher Hitze unter häufigem Rühren 25 Minuten köcheln lassen, Den Zucker unterrühren, auskühlen lassen. Die Vanilleschoten entfernen. Kandierte Früchte, Pistazien und Orangenblütenwasser unter den Milchreis rühren.

4. Die Eigelbe mit 50 g Zucker zu einer hellen, cemigen Masse aufschlagen, unter den Reis ziehen.

5. Das Eiweiß steif schlagen, den restlichen Zucker zufügen, weiter schlagen, bis die Masse glänzt. Den Eischnee sorgfältig unter die Reismasse ziehen.

6. Die Masse in die vorbereitete Form füllen, mit Pistazien bestreuen. Den Reiskuchen im unteren Drittel in den auf 160 °C vorgeheizten Ofen schieben, 90 Minuten backen. Auskühlen lassen und mit Puderzucker bestäuben.

Tipp: Der Kuchen schmeckt nach einem Tag Ruhe noch besser!

Risotto mit Cicorino rosso und Aceto balsamico Italien

3 EL Olivenöl
1 Schalotte, fein gehackt
1 Knoblauchzehe, fein gehackt
50 g Speckwürfelchen
300 g Cicorino rosso, in Streifen
350 g Risottoreis, z. B. Carnaroli
1,5 dl/150 ml trockener Weißwein
ca. 1 l heiße Fleisch- oder Gemüsebrühe
1 EL Balsamico-Essig
50 g Butter
2 EL fein gehackte Petersilie
Salz
Pfeffer, frisch gemahlen

1. Schalotten, Knoblauch und Speck im Öl dünsten, ohne Farbe annehmen zu lassen. Cicorino rosso beifügen und 5 Minuten mitdünsten, in eine Schüssel umfüllen, beiseite stellen.

2. Den Reis in einem Drahtsieb ausgiebig mit warmem Wasser überbrausen, abtropfen lassen.

3. Den Reis in wenig Öl glasig dünsten, den Weißwein angießen, vollständig einkochen lassen. Die Fleischbrühe nach und nach zufügen, so dass der Reis immer knapp mit Flüssigkeit bedeckt ist. Den Risotto unter häufigem Rühren knapp al dente garen, etwa 15 Minuten. Cicorino rosso zufügen, nochmals 5 Minuten köcheln lassen. Balsamico-Essig, Butter und Petersilie mit dem Risotto vermengen, mit Salz und Pfeffer abschmecken. Sofort servieren.

Risotto milanese
Italien

2 EL Butter
1 kleine Zwiebel, fein gehackt
300 g Mittelkornreis, z. B. Arborio,
 Vialone, Carnaroli
1 dl/100 ml trockener Weißwein
ca. 8 dl/800 ml heiße Gemüsebrühe
1 Briefchen Safranpulver, in wenig
 Brühe aufgelöst
40 g Butterstückchen
75–100 g geriebener Parmesan
Salz; Pfeffer, frisch gemahlen

Safranfäden für die Garnitur

1. Den Reis in einem Drahtsieb ausgiebig mit warmem Wasser überbrausen, abtropfen lassen.

2. Die Zwiebeln in der Butter bei schwacher Hitze andünsten, den Reis zufügen und mitdünsten, bis er glasig ist. Den Weißwein angießen, vollständig einkochen lassen. Die Brühe nach und nach zufügen, so dass der Reis immer knapp mit Flüssigkeit bedeckt ist, unter häufigem Rühren bei schwacher Hitze al dente kochen, etwa 15 bis 20 Minuten. Die Safranfäden die letzten 5 Minuten mitkochen. Die Butterstückchen und die Hälfte des Parmesans unterrühren, mit Salz und Pfeffer abschmecken. Den restlichen Parmesan separat servieren.

Tipp: Im Originalrezept wird die Butter (2 EL) mit 80 g Rindermark geschmolzen.

Abbildung

Riz Impératrice Frankreich

für 6 Förmchen
von ca. 2 dl/200 ml Inhalt

60 g gemischte kandierte Früchte,
    fein gehackt
3 EL Kirschwasser
3,75 dl/375 ml Milch
1 Prise Salz
1 Vanilleschote, längs aufgeschnitten
75 g Mittelkornreis, z. B. Arborio
90 g Zucker
5 Blatt Gelatine, in kaltem Wasser
    eingeweicht, ausgedrückt
2,2 dl/220 g Rahm/süße Sahne

klein geschnittene Früchte
    für die Garnitur

1. Die kandierten Früchte einige Stunden im Kirschwasser marinieren.

2. Den Reis in einem Drahtsieb ausgiebig mit warmem Wasser überbrausen, in Wasser bei starker Hitze 5 Minuten kochen lassen, abgießen und abtropfen lassen.

3. Milch mit Salz, ausgekratztem Vanillemark und Vanilleschoten aufkochen, den Reis zufügen, bei schwacher Hitze unter häufigem Rühren zugedeckt 30 Minuten köcheln lassen. Die Vanilleschoten entfernen.

4. Den Zucker mit der Gelatine unter den Reis rühren. Die Reismasse unter mehrmaligem Rühren auskühlen lassen, kühl stellen. Die Masse soll am Rand leicht fest werden.

5. Die marinierten Früchte und den steif geschlagenen Rahm sorgfältig unterziehen. Die Reismasse in die mit kaltem Wasser ausgespülten Förmchen füllen, glatt streichen. Zugedeckt 3 bis 4 Stunden kühl stellen.

6. Die Förmchen kurz in heißes Wasser tauchen, die Reisköpfchen auf Dessertteller stürzen, garnieren.

Variante: Gelatine durch Agar-Agar ersetzen. $3/4$ TL Agar-Agar-Pulver in kalter Milch anrühren, mit $1^{1}/2$ EL Zucker unter die Reismasse rühren, 2 Minuten köcheln lassen. Achtung: die Masse wird schon bei 40 °C fest. Reismasse vor der Zugabe des Rahms deshalb nicht zu fest werden lassen.

Reis-Pilz-Gericht
ehemaliges Jugoslawien

Öl zum Braten
100 g Speckwürfelchen
400 g Rindsragout
2 Zwiebeln, fein gehackt
2 Knoblauchzehen, durchgepresst
2 Karotten, in Scheiben
2 rote Peperoni/Paprikaschoten,
   halbiert, entkernt, gewürfelt
3/4 l Fleisch- oder Gemüsebrühe
2 EL Rotweinessig
200 g Risottoreis, z. B. Vialone
200 g Champignons, in Scheiben
Salz
Pfeffer, frisch gemahlen
2 EL fein gehackte Petersilie

1. Den Speck in wenig Öl glasig braten,
herausnehmen und beiseite stellen.

2. Das Rindsragout in der Speckpfanne in
wenig Öl ringsum kräftig anbraten. Zwiebeln,
Knoblauch, Karotten und Peperoni zufügen
und mitbraten, die Fleischbrühe aufgießen,
den Rotweinessig zufügen. Alles in eine ofen-
feste Form geben, zudecken. Das Ragout im
unteren Teil des auf 180 °C vorgeheizten
Backofens 40 Minuten schmoren. Reis und
Champignons untermischen, zugedeckt
nochmals 30 Minuten schmoren, eventuell
wenig Wasser nachgießen.

3. Reis-Pilz-Gericht mit Salz und Pfeffer
abschmecken, mit Petersilie bestreuen.

Reis mit Spinat
Griechenland

3 EL Olivenöl
4 Zwiebeln, in feinen Ringen
800 g Spinat
250 g Langkornreis
1/2 l Gemüsebrühe
1 Bund Dill, fein gehackt
Salz
Pfeffer, frisch gemahlen

griechischer Schafsmilchjogurt

1. Den Reis in einem Drahtsieb ausgiebig
mit warmem Wasser überbrausen, abtropfen
lassen.

2. Die Zwiebeln im Öl andünsten, den
Spinat zufügen und mitdünsten, bis er zusammengefallen ist. Den Reis zufügen,
die Gemüsebrühe angießen, aufkochen, bei
schwacher Hitze unter mehrmaligem Rühren
rund 20 Minuten köcheln lassen. Den Dill
unterrühren, mit Salz und Pfeffer würzen.

3. Den Reis in einer vorgewärmten Schüssel
anrichten, mit Zitronensegmenten garnieren.

Tipp: Den Schafsmilchjogurt separat
servieren.

Reisbällchen Italien

400 g Risottoreis, z. B. Vialone
1 Briefchen Safranpulver
40 g geriebener Parmesan
1 Freilandei, verquirlt

Füllung

1 Zwiebel, fein gehackt
1 Karotte, fein gerieben
1 kleiner Zucchino, klein gewürfelt
1 Stängel Stangensellerie,
    klein gewürfelt
Olivenöl zum Dünsten
100 g Poulet-/Hähnchenbrust,
    15 mm groß gewürfelt
3 Tomaten, Stielansatz entfernt,
    entkernt, klein gewürfelt
2 EL fein gehackte Petersilie
Salz
Pfeffer, frisch gemahlen
150 g Mozzarelline (Perlen),
    abgetropft

3–4 EL Mehl
2 Freilandeier, verquirlt
Salz
Pfeffer, frisch gemahlen
ca. 75 g Paniermehl
Öl zum Ausbacken

Petersilie für die Garnitur

1. Den Reis in einem Drahtsieb ausgiebig mit warmem Wasser überbrausen, in einem Liter Salzwasser unter mehrmaligem Rühren al dente kochen, etwa 15 Minuten. Den Safran die letzten 5 Minuten mitkochen. Den Reis leicht auskühlen lassen, Parmesan und verquirltes Ei unterrühren.

2. Für die Füllung Zwiebeln, Karotten, Zucchini und Sellerie in wenig Olivenöl 3 bis 4 Minuten dünsten. Das Pouletfleisch und die Tomaten zufügen, 2 bis 3 Minuten weiter dünsten, Petersilie untermischen, würzen, leicht auskühlen lassen.

3. Einen Esslöffel Reis in die Hand geben, in die Mitte eine Vertiefung drücken, eine Rondelle formen, je einen Esslöffel Füllung und eine Mozzarellina hineingeben, mit einem Esslöffel Reis decken, zu einer Kugel formen. Die Reiskugel zuerst im Mehl, dann im gewürzten Ei und zum Schluss im Paniermehl wenden.

4. Die Reiskugeln portionenweise im heißen Öl 3 bis 4 Minuten goldgelb backen. Bis zum Servieren warm stellen.

Tipp: Mit einer Tomatensauce und einem gemischten Salat servieren.

Reis mit grünen Erbsen
Italien

Riso al burro e salvia
Italien

2 EL Olivenöl
1 EL Butter
2 Zwiebeln, fein gehackt
75 g Pancetta oder Schinken,
    klein gewürfelt
250 g Risottoreis, z. B. Vialone
1^1/$_2$ l heiße Fleisch- oder Gemüsebrühe
300-400 g ausgelöste grüne Erbsen
30 g Butter
50 g geriebener Parmesan
2 EL fein gehackte Petersilie
Salz
Pfeffer, frisch gemahlen

1. Den Reis in einem Drahtsieb ausgiebig
mit warmem Wasser überbrausen, abtropfen
lassen.

2. Die Zwiebeln und die Pancetta im Gemisch
aus Öl und Butter andünsten. Die Fleischbrühe aufgießen und den Reis zufügen, unter
häufigem Rühren 15 bis 20 Minuten al dente
kochen. Erbsen, Butter, Parmesan und Petersilie mit dem Reis vermengen, 2–3 Minuten
offen köcheln lassen, mit Salz und Pfeffer
abschmecken.

Tipp: Der Reis darf noch sehr feucht sein!
Flüssigkeit nicht abgießen.

300–400 g Mittelkornreis, z. B. Arborio
75 g geriebener Parmesan
100 g Butter
3–4 Salbeizweiglein, Blätter abgezupft

1. Den Reis in einem Drahtsieb ausgiebig
mit warmem Wasser überbrausen, in reichlich Salzwasser bei schwacher Hitze al dente
kochen, 15 bis 20 Minuten, abgießen und
abtropfen lassen. In eine Schüssel umfüllen.

2. Den Parmesan über den Reis streuen,
zudecken, im vorgeheizten Backofen bei
80 °C warm stellen.

3. Die Butter in einer Bratpfanne schmelzen,
Salbei zufügen, unter Rühren knusprig braten, bis die Butter ein wenig Farbe ange-
nommen hat. Sofort über den Reis verteilen
und servieren.

Abbildung

Paella Spanien

für 6 bis 8 Personen

12–16 frische Miesmuscheln,
  gut gebürstet
1/2 Zitrone, in Scheiben
Olivenöl zum Braten
8 rohe, ungeschälte Riesen-
  garnelen/-krevetten
ca. 800 g Poulet-/Hähnchenteile,
  z. B. Flügel, Schenkel/Keulen
250 g Schweinefleisch,
  z. B. vom Hals, gewürfelt
150 g Chorizo, in Scheiben
2 Zwiebeln, fein gehackt
2 Knoblauchzehen, fein gehackt
1 Stängel Stangensellerie,
  in feinen Scheiben
1 gelbe Peperoni/Paprikaschote,
  halbiert, entkernt, in feinen
  Streifen
400 g Rundkorn- oder Mittelkornreis
3 Tomaten, Stielansatz entfernt,
  klein gewürfelt
1,5 dl/150 ml trockener Weißwein
1 l Hühnerbrühe
2 Briefchen Safranpulver, in wenig
  Hühnerbrühe aufgelöst
100 g frische grüne Erbsen
250 g Fisch, z. B. Seehecht, gewürfelt
2 EL fein gehackte Petersilie

1. Offene Muscheln wegwerfen. Die ge-
schlossenen Muscheln mit den Zitronen-
scheiben im Salzwasser kochen lassen, bis
sie sich geöffnet haben, abgießen und
abtropfen lassen. Geschlossene Muscheln
wegwerfen. Zugedeckt kühl stellen.

2. Riesengarnelen, Pouletteile und
Schweinefleisch sowie Chorizo nacheinan-
der in wenig Olivenöl kurz braten, herausnehmen. Zugedeckt beiseite stellen.

3. Zwiebeln, Knoblauch, Stangensellerie und
Peperoni in wenig Olivenöl in einer Paella-
Pfanne oder in einem Wok andünsten, Reis
zufügen und mitdünsten. Pouletteile und
Tomaten zufügen und mitdünsten. Den
Weißwein angießen, vollständig einkochen
lassen. Die Hühnerbrühe nach und nach
zugießen, 10 Minuten köcheln lassen. Safranpulver und grüne Erbsen unterrühren.
Riesengarnelen, Fisch, Chorizo und Schweinefleisch zufügen, weitere 10 Minuten köcheln
lassen. Muscheln zufügen, erhitzen.

4. Paella mit Petersilie bestreuen, sofort servieren.

Sarma (gefüllte Weinblätter)
Türkei

Füllung

200 g roher Langkornreis
300 g gehacktes Rindfleisch
1 Zwiebel, fein gehackt
1 Knoblauchzehe, durchgepresst
1 Bund Petersilie, fein gehackt
2 EL Tomatenpüree
einige Tropfen Zitronensaft
3 EL Öl
Salz
Pfeffer, frisch gemahlen
Paprikapulver

32–40 eingelegte Weinblätter,
kalt abgespült, abgetropft
ca. 1/2 l Wasser

1. Den Reis in einem Drahtsieb ausgiebig mit warmem Wasser überbrausen, abtropfen lassen.

2. Für die Füllung alle Zutaten vermengen, mit Salz, Pfeffer und Paprika würzen.

3. Je 1 bis 2 Teelöffel Füllung in die Mitte der Weinblätter geben. Schmalseiten der Blätter über die Füllung legen, aufrollen.

4. Die Rollen mit dem Ende nach unten in eine weite Chromstahlpfanne legen. Das Wasser angießen. Die Rollen mit 2 bis 3 Tellern beschweren. Die Pfanne zudecken. Den Pfanneninhalt aufkochen, die Rollen bei schwacher Hitze 30 bis 45 Minuten dämpfen.

Tipp: Dazu passt eine mit Knoblauch aromatisierte Jogurtsauce.

Geflügelpilaw Vorderer Orient

Olivenöl zum Braten
1 Poulet/Hähnchen, ca. 1 kg,
  in Teile zerlegt
2 Zwiebeln, gehackt
1–2 Knoblauchzehen, fein gehackt
500 g Tomaten, geschält, Stielansatz
  entfernt, in Stücken, entkernt
Salz
Pfeffer, frisch gemahlen
300 g Langkornreis
Butter zum Dünsten
1 dl/100 ml trockener Weißwein
ca. 1/2 l Hühnerbrühe
1 Briefchen Safranpulver
400 g fruchtiges Kürbisfleisch,
  z. B. Muscade de Provence,
  1 cm groß gewürfelt
1–2 EL fein gehackte Kräuter,
  z. B. Petersilie, Rosmarin

1. Die Pouletteile in einem Schmortopf im Olivenöl rundum anbraten, herausnehmen. Zwiebeln und Knoblauch im restlichem Öl andünsten, Tomaten zufügen und mitdünsten. Die Pouletteile zufügen, würzen. Zugedeckt rund 25 Minuten schmoren lassen.

2. Den Reis in einem Drahtsieb ausgiebig mit warmem Wasser überbrausen, gut abtropfen lassen.

3. Den Reis in wenig Butter andünsten, mit Weißwein und Hühnerbrühe aufgießen, Safran zufügen, aufkochen, bei schwacher Hitze zugedeckt 15 bis 20 Minuten köcheln lassen.

4. Den Kürbis zum Poulet geben, weitere 5 Minuten garen.

5. Den Reis mit dem Fleisch vermengen, abschmecken. Mit Kräutern bestreuen.

Reis mit Kalbsragout an Tomatensauce und grünen Bohnen Iran

300 g Kalbsragout,
   15 mm groß gewürfelt
Olivenöl zum Anbraten
1 Zwiebel, gehackt
300 g Tomaten, geschält,
   Stielansatz entfernt, in kleinen
   Stücken, entkernt
1 EL Tomatenpüree
250 g zarte grüne Bohnen
Butter zum Dünsten
Salz
Pfeffer, frisch gemahlen
250 g Basmatireis
20 g Butter
1/2 EL Thymianblättchen

Thymian für die Garnitur

1. Den Reis in einem Drahtsieb ausgiebig mit warmem Wasser überbrausen, in eine Schüssel umfüllen, mit kaltem Wasser bedecken und über Nacht quellen lassen. In ein Sieb abgießen und abtropfen lassen.

2. Das Kalbsragout in einem Brat-/Schmortopf im Olivenöl anbraten, herausnehmen. Die Zwiebeln im restlichen Öl andünsten, Tomaten und Tomatenpüree zufügen und kurz mitdünsten. Das Ragout zufügen, zugedeckt bei schwacher Hitze 25 Minuten schmoren lassen.

3. Bei den Bohnen den Stielansatz wegschneiden und schräg in 2 bis 3 cm lange Stücke schneiden, in wenig Butter andünsten, zum Fleisch geben, würzen, offen 10 bis 15 Minuten weiterköcheln lassen, bis die Bohnen fast gar und die Flüssigkeit verdampft ist.

4. Den Reis in reichlich Salzwasser knapp weich garen, etwa 10 Minuten, abgießen und abtropfen lassen.

5. Die Butter in einem Brattopf schmelzen. Den Boden mit Reis bedecken, weiterfahren mit Fleisch und Thymian, dann wieder Reis, Fleisch und Thymian, abschließen mit Reis. Den Deckel in ein Küchentuch einwickeln, auf den Brattopf legen. Bei schwacher Hitze fertig garen, 20 bis 25 Minuten.

6. Den Eintopf mit einem Esslöffel portionieren, d. h. die Masse abstechen und auf vorgewärmten Tellern anrichten, garnieren.

AUSTRALIEN

Risotto-Küchlein mit Kürbis und Feta

Olivenöl zum Dünsten
1 Zwiebel, fein gehackt
1 Knoblauchzehe, durchgepresst
300 g Risottoreis, z. B. Arborio
1 dl/100 ml trockener Weißwein
ca. 8 dl/800 ml heiße Gemüsebrühe
250 g Kürbisfleisch, z. B. Potimarron,
   ohne Schale und Kerne,
   klein gewürfelt
30 g Butterstückchen
50 g geriebener Parmesan
1 EL fein geschnittener Schnittlauch
Salz
Pfeffer, frisch gemahlen
100 g Feta, klein gewürfelt

Olivenöl zum Braten

1. Den Reis in einem Drahtsieb ausgiebig mit warmem Wasser überbrausen, abtropfen lassen.

2. Zwiebeln und Knoblauch in wenig Olivenöl andünsten, den Reis zufügen und glasig werden lassen. Den Weißwein angießen, bei schwacher Hitze wenig einköcheln lassen. Immer wieder Gemüsebrühe angießen, damit der Reis knapp mit Flüssigkeit bedeckt ist. Unter häufigem Rühren bei schwacher Hitze al dente kochen, 15 bis 20 Minuten. Während der letzten 5 Minuten den Kürbis mitkochen. Butter, Parmesan und Schnittlauch unterrühren, mit Salz und Pfeffer würzen.

3. Die Reismasse auf einem mit kaltem Wasser abgespülten Blech ausstreichen, auskühlen lassen. Aus der Reismasse Kugeln in der Größe eines Tischtennisballs formen, je einen Fetawürfel in die Mitte drücken, Küchlein formen.

4. Die Reisküchlein im Olivenöl bei mittlerer Hitze beidseitig je 3 bis 4 Minuten braten, herausnehmen, warm stellen.

Pikante Geflügel-Rollen

für 12 Stück

Marinade

4 EL helle Sojasauce
2 EL trockener Weißwein
1 EL frisch geriebene Ingwerwurzel
1 TL Maisstärke

3 Poulet-/Hähnchenbrüstchen,
   je ca. 150 g, in feinen Streifen
Öl zum Braten
2–3 frische rote Chilischoten, längs
   halbiert, entkernt, in Streifchen
2 Frühlingszwiebeln,
   in feinen Ringen
Salz
Pfeffer, frisch gemahlen

Gurkensalat

$1/2$ Salatgurke, ungeschält,
   in sehr feinen Streifen
1 EL fein geschnittene
   Pfefferminzblättchen
2 EL Limettensaft
2 TL Fischsauce

12 Reispapierrondellen,
   ca. 12 cm Durchmesser

Sojasauce zum Dippen

1. Sojasauce, Weißwein, geriebenen Ingwer und Maisstärke verrühren. Die Pouletstreifen zugeben und mit der Marinade vermengen, zugedeckt 30 Minuten stehen lassen. Das Pouletfleisch in einem Sieb abtropfen lassen, die Marinade auffangen. Das Fleisch trocken tupfen.

2. Die Pouletstreifen in wenig Öl rundum braten, herausnehmen.

3. Die Chilischoten und die Frühlingszwiebeln in der Fleischpfanne andünsten, die aufgefangene Marinade zugeben, kurz erhitzen, mit dem Fleisch vermengen, würzen.

4. Gurkenstreifen, Pfefferminze, Limettensaft und Fischsauce mischen.

5. Die Reispapierrondellen 30 Sekunden in warmes Wasser tauchen, herausnehmen, auf einem Küchentuch ausbreiten und trocken tupfen.

6. Wenig Gurkensalat und Pouletfüllung in Rechteckform in die Mitte der Reispapierrondellen verteilen, auf den Schmalseiten 2 bis 3 cm Reispapier über die Füllung legen, von der Längsseite her aufrollen. Mit Sojasauce servieren.

FESTLICHE INDISCHE KÜCHE
von Ravinder Issar.
Die besten 50 Rezepte
der Mogul-Küche: raffiniert
gewürzte Köstlichkeiten.
72 Seiten, 19 Farbtafeln,
ISBN 978-3-7750-0288-2

**KOREANISCH KOCHEN
VEGETARISCH**
von Yi Yang Cha und A. E. Möller.
Authentische Familienrezepte für
eine bekömmliche, frische Küche.
125 Seiten, 78 Farbfotos,
ISBN 978-3-7750-0457-2

**VEGETARISCHES AUS
ALLER WELT**
von Esther Villiger.
Vegetarische Varianten globaler
Rezeptideen.
93 Seiten, 51 Farbfotos,
ISBN 978-3-7750-0465-7

**INDISCHE
GEWÜRZKÜCHE**
von Jeeti Gandhi.
Die neue leichte Art: Über 80
raffinierte Rezepte von pikant bis
süß. 127 Seiten, 137 Farbfotos,
ISBN 978-3-7750-0414-5

**AUSTRALIEN –
GENUSSREISE & REZEPTE**
von S. Dickhaut mit Fotos von
M. Boyny. Beachfood, Bushfood,
Barbecue: Kulinarisches Neuland
von »down under«.
96 Seiten, über 100 Farbfotos,
ISBN 978-3-7750-0502-1

**VIETNAM –
GENUSSREISE & REZEPTE**
von A. Blohmann, Mo Pham Lam,
Fotos von A. Pudenz. Fast noch
ein Geheimtipp: leichte Gerichte
aus Nord- und Südvietnam.
108 Seiten, über 100 Fotos,
ISBN 978-3-7750-0501-2

Hädecke Verlag
D–71256 Weil der Stadt

Fax   +49 (0) 70 33/1 38 08 13
e-mail: info@haedecke-verlag.de

 **HÄDECKE**